Blumenkohl

Blumenkohl

125 gesunde Rezepte mit dem Low-Carb-Superfood

Amy Lacey

CHRISTIAN

Impressum

Verantwortlich: Miriam Sender Gorriz
Einbandgestaltung: Leeloo Molnar
Übersetzung aus dem Englischen: Kate Reiserer
Redaktion: Doreen Köstler
Korrektur: Anne Di Nunzio
Layout und Satz: Silke Schüler
Text & Rezepte: Amy Lacey
Fotografie: siehe Bildnachweis rechte Spalte

Printed in Slovenia by Florjancic

Unser komplettes Programm finden Sie unter:

 www.christian-verlag.de

★★★★★

Die Deutsche Nationalbibliothek verzeichnet diese
Publikation in der Deutschen Nationalbibliografie;
detaillierte bibliografische Daten sind im Internet über
http://dnb.d-nb.de abrufbar.

Die englischsprachige Originalausgabe mit dem Titel
cali'flour kitchen erschien erstmals 2019 bei Abrams,
einem Imprint von Harry N. Abrams, Incorporated,
New York. (All rights reserved in all countries by
Harry N. Abrams, Inc.)
Dieses Werk wurde vermittelt durch die Literarische
Agentur Thomas Schlück GmbH, 30161 Hannover.

Text Copyright © Amy Lacey
Bilder Copyright © 2019 Andrew Purcell: Seite 2, 6, 13,
21, 22–25, 27, 31, 32, 37, 41, 47, 49, 53, 56, 57, 63,
65, 67, 69, 73, 75, 77, 79, 85, 87, 89, 91, 93, 95, 97,
99, 105, 107, 109, 111, 115, 117, 125, 127, 131, 133, 137,
141, 147, 154, 155, 159, 163, 165, 167, 169, 171, 173, 175,
181, 183, 191, 195, 197, 203, 209, 211, 219, 221, 223,
227, 229
© 2019 Clare Barboza: Seite 43, 71, 83, 103, 113, 119,
123, 129, 139, 143, 145, 151, 157, 177, 179, 187, 189, 193,
199, 201, 205, 213, 215, 225

Umschlagbild vorne © 2019 Andrew Purcell
Umschlagbilder hinten © 2019 Andrew Purcell

Autorenfoto von Amy Lacey auf Seite 8 von Chelsea
Sanders mit Blueline

Dieses Buch widme ich meiner Familie, deren bedingungslose Liebe mir durch schlaflose Nächte und über alle Stolpersteine einer Erstautorenschaft geholfen hat. Sie ist ein Beweis eures Vertrauens in mich und wäre ohne eure fortwährende Unterstützung und Geduld nie möglich gewesen.

Für meinen Ehemann – mein Fels in der Brandung seit 24 Jahren. Jim – danke, dass du dich jeden Tag für mich entscheidest. Unser Leben war nicht immer leicht, doch ich konnte mich immer auf deinen Trost verlassen, sei es am Krankenbett oder beim Testen neuer Rezepte in der Küche. Selbstlos und tadellos erfüllst du die Aufgaben eines Vaters, Ehemanns und Geschäftspartners, oft ohne die Anerkennung, die dir gebührt. Das ist nur eine kleine Huldigung deines Beitrags, mit Cali'flour Foods erfolgreich eine neue Lebensmittelgruppe zu kreieren, unser Haus mit Liebe und Freude zu füllen und mein ganz persönlicher Unterstützer zu sein.

Und für meine unglaublichen Kinder, James, Caroline und Grant: Ihr seid der größte Segen meines Lebens. Die Hektik der vergangenen Jahre war sicher nicht immer leicht, und ich bin euch dankbar für eure aufmunternden Briefe und SMS spätabends, wenn ich unterwegs war. An den schwersten Tagen habt ihr mir die Kraft gegeben weiterzumachen. Ich hoffe, dieses Buch inspiriert euch, grenzenlos zu träumen.

DIE AUTORIN AMY LACEY

Einleitung

Viele kennen wohl das englische Sprichwort »An apple a day keeps the doctor away«. Frei übersetzt bedeutet das, dass ein Apfel am Tag den Doktor fernhält. Nach 15 Jahren als Mutter und Erfahrung mit drei wählerischen Kindern fordere ich, Amy Lacey, diese uralte Weisheit heraus und verleihe ihr ein neues Gesicht: »A cauliflower a day keeps most sickness at bay.« Das bedeutet auf Deutsch etwa: »Ein Blumenkohl am Tag hält die meisten Krankheiten in Schach.«

Wie jede großartige Lovestory ist meine Liebe zu diesem Kreuzblütler nicht nur turbulent, sondern hat mein Leben auch weitreichend verändert. Alles begann an einem ganz normalen Freitagabend im Jahr 2012. Freitags wird bei uns eine wertvolle Familientradition gepflegt: Pizzen und Brettspiele (Bei uns wollen alle gewinnen!). Nach vielen solch lustiger Abende ohne Beschwerden kann man sich vorstellen, wie überrascht ich an einem Morgen war, mit Wurstfingern wie zu Zeiten meiner Schwangerschaften aufzuwachen. Dieses Mal bedeuteten meine geschwollenen Hände aber nichts Gutes. Alle meine Gelenke schmerzten und ich fühlte mich schrecklich. Ich hatte nicht einmal genug Energie, um aus dem Bett zu kommen (und das nicht nur, weil mich meine lebhaften Kinder am Abend zuvor bei »Siedler von Catan« geschlagen hatten).

Wenig später bemerkte ich einen Ausschlag auf meiner Brust, von dem die Ärzte annahmen, es sei eine Hautreizung durch Gifteiche. Ich dachte mir nichts weiter dabei, bis ich nach einer Standardoperation mit einer lebensbedrohlichen Lungenembolie im Krankenhaus lag. Viele Blutuntersuchungen später war ich mit einem wahren Ansturm an Diagnosen konfrontiert: Sharp-Syndrom, Sjögren-Syndrom und Lupus. Diese Nachrichten waren nicht leicht zu verdauen. Um dem Ganzen die Krone aufzusetzen, wurde unser Familien-Pizza-Abend auf unbestimmte Zeit gestrichen, zumindest bis die Ärzte es geschafft haben würden, meinen Körper daran zu hindern, sich selbst anzugreifen.

Ohne Vorwarnung war ich nicht mehr Amy Lacey, sondern eine namenlose Zahl in einer Statistik, eine von 540 Millionen Menschen weltweit, die an einer Autoimmunerkrankung leiden. Es ist schwer, sich nicht in der Diagnose zu verlieren. Ich musste eine wichtige Entscheidung treffen: entweder unter den Symptomen dieser Krankheit leiden und der Natur ihren freien, grausamen Lauf lassen oder Medikamente nehmen, die mich erblinden lassen oder meine Nieren beschädigen könnten. Keine der beiden Möglichkeiten erlaubte mir das Leben, das ich wollte, oder die Mutter und Ehefrau zu sein, die meine Familie brauchte. Ich weigerte mich, diese trostlose Prognose zu akzeptieren. Es musste eine bessere Lösung geben – ich würde eine finden.

Mit der Hilfe meines liebevollen Ehemanns Jim, der zufälligerweise auch ein ausgezeichneter Arzt ist, vertiefte ich mich in ausführliche Recherchen. Ich stellte fest, dass mein Essverhalten einen maßgeblichen Einfluss auf meine Krankheit hatte. Diese Erkenntnis veranlasste mich dazu, statt die verschriebenen Tabletten wie ein provisorisches Pflaster auf meine Symptome zu kleben, ein Ernährungsprotokoll zu führen, um herauszufinden, welche Lebensmittel Symptome auslösten. Gluten, dicht gefolgt von Zucker, stellte sich als größter Übeltäter heraus. Mit diesen falschen Freunden Schluss zu machen war so schwer wie der erste Liebeskummer. Aber meine Gesundheit und meine Zukunft standen auf dem Spiel, also streifte ich mir meine Hose für große Mädchen über (wortwörtlich, weil damals mein ganzer Körper angeschwollen war) und verabschiedete mich von meinen ersten Lieben: Gluten und Zucker.

Wie von Zauberhand gingen meine Entzündungen beinahe über Nacht zurück. Als ich auch noch mehr Gemüse auf meinen Ernährungsplan setzte, fühlte ich mich sogar noch besser. Nichtsdestotrotz vermisste ich die Familientraditionen. Ich sehnte mich leidenschaftlich nach käsiger Pizza. Und was ich noch viel mehr vermisste, war, mich gut zu fühlen und das Leben nach meinen Vorstellungen mit den Menschen, die ich liebe, zu genießen. Wie viele überforderte mich der Balanceakt. Wie sollte ich

genug Zeit finden, gesündere Mahlzeiten zu kochen, meine Autoimmunerkrankung zu bekämpfen, vollen Einsatz in der Arbeit zu zeigen, wertvolle Stunden mit meiner Familie zu verbringen und währenddessen den Haushalt zu führen? Natürlich machte ich dann genau das, was jede gestresste Person machen würde: Ich stürzte mich in den Pinterest-Kaninchenbau, um meine Ängste und Sorgen wegzuscrollen!

Dort stolperte ich über einige DIY-Blumenkohl-Pizzafladen, die ich ausprobieren wollte. Und so begannen die Chroniken der Blumenkohl-Pizzafladen-Experimente, die die gesamte Lacey-Küche besetzten. Anfangs halfen unsere Familien, Freunde und ein Gesundheitscoach. Nach vielen Stunden des Ausprobierens (und einigen Unfällen, bei denen ich – von Kopf bis Fuß mit Blumenkohl bespritzt – hysterisch mit meinen Kindern lachte) hatten wir es endlich geschafft, einen Pizzafladen zu entwickeln, der erstens perfekt zusammenhielt, zweitens eine volle Portion frischen Blumenkohls mit all seinen Nährstoffen beinhaltete und drittens überraschenderweise nicht nach Blumenkohl schmeckte. Darüber hinaus konnte dieser Fladen unter anderem auch als leckeres Sandwichbrot oder als köstliche Lasagneblätter verwendet werden.

Noch beeindruckender war, dass dieser Pizzafladen keine Entzündungen auslöste und beim Geschmackstest mit meinen drei kritischen Kindern und all unseren Freunden hervorragend abschnitt. Unser Pizza-Abend war offiziell zurück! Das war ein großer Sieg, aber der Krieg war noch lange nicht gewonnen.

Da wir jetzt ein perfektes, praktisches Rezept für DIY-Blumenkohl-Pizzafladen gefunden hatten, wusste ich, dass dieses kleine Geheimnis zu lecker war, um es nicht mit der Welt zu teilen. Mit Erspartem aus meinem vorherigen Geschäft, einem kleinen Darlehen und einer ganzen Menge Leidenschaft und Durchhaltevermögen gründeten wir Cali'flour Foods. Unser Name ist ein Wortspiel aus dem englischen Wort für Blumenkohl »cauliflower« und dem Wort für Mehl »flour«, das ähnlich wie der zweite Teil von »cauliflower« ausgesprochen wird.

Ursprünglich wollte ich mit Cali'flour Foods einfach eines meiner Lieblingsgerichte ganz ohne Gluten neu erfinden. Meine Hoffnung war, anderen damit zu helfen, aber ich hätte nie erwartet, eine Bewegung in Gang zu setzen. Um ehrlich zu sein, mochte ich Blumenkohl nicht mal, bis ich meine erste Blumenkohl-Pizza zubereitet hatte. Nachdem meine Experimente jedoch gezeigt hatten, wie unglaublich vielseitig dieses Gemüse ist, gab es kein Zurück mehr.

Heute regiert Blumenkohl meine Küche – ob als Pizza oder für andere Gerichte wie Pfannkuchen, Waffeln, Béchamelsauce und so vieles mehr. So richtig wertschätzen kann man etwas allerdings erst, wenn man die guten und schlechten Seiten kennengelernt hat. Meine Liebe zu Blumenkohl wuchs ins Unendliche, in der Zeit, in der ich für unser Unternehmen Hunderte Kilo von Hand verarbeitete und noch Tage danach nach Blumenkohl roch. Einmal wurde ich sogar eine Woche außer Dienst gestellt, weil ich auf einem Stück Blumenkohl ausrutschte.

Meine Beharrlichkeit hat sich ausgezahlt: Cali'flour Foods wurde eine richtige Familienangelegenheit. Nicht nur mein Ehemann und unsere drei Kinder engagierten sich, sondern auch viele Verwandte und Freunde. Heute noch ist das Cali'flour-Team wie eine Familie.

Nach den bescheidenen Anfängen auf dem Bauernmarkt in meiner Heimatstadt Chico in Kalifornien hat sich Cali'flour Foods heute in ganz Amerika etabliert. Unsere Produkte finden Sie in Supermärkten in ganz Nordamerika und unsere Pizzafladen sind zum Bestseller auf Amazon geworden. Leider können wir momentan noch nicht nach Europa liefern, aber wir arbeiten daran.

Cali'flour Foods war der erste Blumenkohl-Pizzafladen auf dem Markt und unser Unternehmen gedeiht hervorragend. Wir sind Pioniere im Bereich von Low-Carb-Alternativen zu traditioneller Pizza mit weniger Kalorien und ganz ohne Getreide. Mit unseren Rezepten kann jeder verschiedenste Wohlfühlgerichte genießen, ohne dabei die Gesundheit aufs Spiel zu setzen. In Hollywood und darüber hinaus haben unsere Pizzafladen für wahre Begeisterung gesorgt. Kein Wunder, denn Cali'flour Foods kreiert Produkte mit Blumenkohl, die für jede Art gesundheitlicher Erwägungen geeignet sind – von Zöliakie bis zu Diabetes, von Weight Watchers bis zur Ernährung ohne Milchprodukte, aber auch für vegane, Paleo- und Low-Carb- sowie eine allgemein pflanzenbewusste Ernährung. Sie überzeugen selbst diejenigen, die Gemüse regelrecht fürchten.

Was unsere Pizzafladen so besonders macht, ist nicht nur, dass sie einfach, lecker und wahnsinnig gesund, sondern dass sie zudem ein wahres Superfood sind. Die meisten glutenfreien Pizzaböden auf dem Markt stecken voller ungesunder Zutaten und schmecken nicht wirklich gut. Unsere Cali'flour-Pizzafladen hingegen sind frei von Bindern und chemischen Ersatzstoffen. Sie enthalten wenig Kohlenhydrate, viel Protein und verzichten auf ungesunde Zutaten. Fast täglich erzählen uns Kunden, wie unsere Produkte ihr Leben verändert haben. Die Geschichten sind rührend und inspirierend wie die von Jessee, die mit Cali'flour Foods 75 Kilo abgenommen hat. Oder die der dreijährigen Eleanor, die an Zöliakie und Typ-1-Diabetes leidet, aber unsere Pizzafladen ohne signifikante Veränderungen in ihrem Blutzuckerspiegel essen kann. Gavin hat einen Gehirntumor und ernährt sich Low Carb mit nur 10 Gramm Kohlenhydraten am Tag. Dank unserer Fladen kann Gavin wieder wie Gleichaltrige Pizza genießen. Mit den Cali'flour-Produkten können Menschen einen kleinen Teil ihres Lebens zurückgewinnen und Glück inmitten von Unglück finden.

Natürlich wollen unsere Kunden wissen, was unser Geheimnis ist. In diesem Buch verraten wir zum allerersten Mal unsere Rezepte! Zusätzlich stellen wir das Rezept für unseren Paleo-Blumenkohl-Pizzafladen vor. Ich führe Sie Schritt für Schritt durch die Grundlagen und die Rezepte der verschiedenen Versionen unserer DIY-Pizzafladen. Nach dem ersten Mal ist die Zubereitung ein Kinderspiel! Ein ganzes Kapitel zu

Saucen, Aufstrichen und Käse ist der erste Schritt in Richtung leckerer Pizzen und anderer Blumenkohl-Kreationen. Dieses Buch geht aber weit über Pizza hinaus.

So gibt es ein Kapitel zu Variationen von Leckereien wie Bagels, Pfannkuchen und Porridge für **Frühstück und Brunch.** Sie finden Rezepte für eine der beliebtesten Verwendungen unserer Fladen, nämlich als **Sandwiches und Toasts,** zum Beispiel mit Cashewnuss-Käse und als BLT. In einem anderen Kapitel wird Blumenkohl in cremige **Suppen** und erfrischende **Salate** verwandelt, beispielsweise in italienischen Brotsalat. Im Kapitel **Blumenkohlreis** zeigen wir ihnen raffinierte Alternativen für Reisgerichte und Comfort Food. Besonders clevere Verwendungen der Pizzafladen zeigen die Rezepte im Kapitel **Aufläufe und Co.,** etwa für Lasagne oder Quiche. Blumenkohl lässt sich auch in **Leckerbissen** verwandeln: Hummus oder Popcorn. In den Kapiteln **Pizza mit Gemüse, Pizza mit Fleisch** und **Pizza mit Meeresfrüchten** werden die besten Variationen dieses Wohlfühlgerichts vorgestellt. Zum krönenden Abschluss finden sich im Kapitel **Süßes** Rezepte für einen chilenischen Schokoladenkuchen, die Chocolate Chip Cookies meiner Grandma und Kokosnuss-Makronen.

Unsere Pizzafladen sind vielseitig und anpassungsfähig. Sie laden dazu ein, der Kreativität freien Lauf zu lassen. Alle Rezepte sind glutenfrei und getreidefrei sowie frei von Soja und raffiniertem Zucker. Zu jedem Rezept finden Sie eine Liste von Ernährungsphilosophien – glutenfrei, getreidefrei, Paleo, Low Carb bzw. Low Carb High

Fat (LCHF), vegan, vegetarisch, ohne Milchprodukte –, denen das jeweilige Rezept entspricht, sowie Alternativen für verschiedene Zutaten, sodass wirklich jeder etwas von den Rezepten hat. Auf den Seiten 230 und 231 werden die verschiedenen Ernährungsphilosophien vorgestellt.

Willkommen in der wundervollen Welt des Blumenkohls, ihrem neuen Seelenfreund! Machen Sie sich bereit zum Schlemmen, denn jedes Rezept in diesem Buch ist eine schlankere, weniger kohlenhydrathaltige Version des eigentlichen Gerichts ohne ein Gramm an Ungesundem! Jede Sekunde werden weltweit 951 Pizzen verspeist, das sind mehr als drei Millionen pro Stunde! Für welche Pizza entscheiden Sie sich?

Teilen Sie ihre Liebesgeschichte mit uns auf www.califlourfoods.com oder markieren Sie uns @califlourfoods auf Facebook, Twitter und Instagram. Viel Spaß beim Kochen und Essen!

Warum Blumenkohl?

Blumenkohl ist der Star der Kreuzblütler und wird auch in Zukunft strahlen! Er eroberte die Welt als Blumenkohlsteak und dann als Bagel, Keks, Popcorn, Reis und vieles mehr. Der größte Geniestreich ist die Blumenkohlpizza. Blumenkohl macht dieses köstliche Wohlfühlessen zu einem gesunden Gemüsetraum. Im Gegensatz zu den üblichen glutenfreien Ersatznahrungsmitteln voll von Zusatzstoffen, Füllstoffen und Mengen an Stärke sind Pizzafladen aus Blumenkohl vollgepackt mit Nährstoffen und

die perfekte Ergänzung einer Low-Carb-Ernährung. Hier bei Cali'flours Foods nennen wir Blumenkohl auch das neue weiße Mehl. Zu den Vorteilen einer Low-Carb-Ernährung zählen anhaltende Gewichts- und Fettabnahme, klareres Denken, weniger Verlangen nach ungesundem Essen, ein reduziertes Entzündungsrisiko sowie ein niedrigeres Risiko für Typ-2-Diabetes und Herzerkrankungen. All das – und man darf Pizza essen! Menschen mit beinahe jeder Art von Ernährungsphilosophie – sei es eine vegetarische, vegane, glutenfreie, getreidefreie, Paleo- oder Low-Carb-Ernährung –, aber auch alle ohne Essenseinschränkungen genießen Pizza aus Blumenkohl.

Ist Blumenkohl der neue Grünkohl? Grünkohl schmeckt zwar lecker mit Caesar-Dressing auf einer Pizza oder gebacken als Chips, doch Blumenkohl – so mild und als Mehl verarbeitet – eröffnet ganz neue und zum Teil noch unerforschte Möglichkeiten. Sind wir mal ehrlich: Grünkohl (oder Rüben, Rosenkohl oder die meisten anderen Gemüsesorten) als Pizza? Kaum vorstellbar, oder? Blumenkohl hingegen ist das Chamäleon der Gemüsewelt, da er den Geschmack anderer Zutaten annimmt.

Blumenkohl ist nicht nur ein kulinarisches Wunder, sondern gleichzeitig eines der gesündesten Nahrungsmittel. Er ist Teil der Familie der Kreuzblütler – wie auch Rucola, Brokkoli, Pak Choi, Rosenkohl, Weißkohl, Blattkohl, Grünkohl, Mangold und Rüben. Wie alle Kreuzblütler enthält Blumenkohl viele Antioxidantien. 100 g Blumenkohl haben kaum Kalorien, aber enthalten signifikante Mengen an Vitamin C, Vitamin K,

Vitamin B6, Thiamin, Riboflavin, Niacin, Folsäure, Pantothensäure, Kalium, Mangan, Magnesium und Phosphor. Die Blätter des Blumenkohls haben einen besonders hohen Gehalt an Eisen und Kalzium.

Entzündungen sind die Ursache der meisten chronischen Krankheiten und Blumenkohl enthält viele entzündungshemmende Substanzen. Zu den großen Mengen an Antioxidantien in Blumenkohl zählen unter anderem Betacarotin, Querzetin, Rutin und Kaffeesäure. Er enthält 77 Prozent der empfohlenen Tagesmenge an Vitamin C, das dabei hilft, alles von einer Erkältung bis zu Krebs zu bekämpfen. Zudem findet sich in diesem Gemüse Sulforaphan, ein Antioxidans, das Studien zufolge Krebsstammzellen abtötet und Schutz gegen Herzerkrankungen und Diabetes bietet. Auch die Carotinoide und Flavonoide in Blumenkohl zeigen sich vielversprechend in der Bekämpfung von Krebs. Die hohe Konzentration von mit Schwefel angereicherten Glucosinolaten in diesem Kreuzblütengewächs macht es zu einem Detox-Wunder. Blumenkohl hilft, Giftstoffe aus dem Körper zu waschen, schlechte Bakterien fernzuhalten und gute Bakterien in unserem Verdauungssystem aufzunehmen.

Dieses Gemüse ist zudem eine der besten pflanzlichen Quellen für Cholin, ein unverzichtbarer Nährstoff für die Entwicklung des Gehirns. In Schwangerschaften ist es unerlässlich. Überhaupt kann ein Cholin-Defizit das Risiko, in späteren Lebensphasen an Demenz und Alzheimer zu erkranken, erhöhen. Auch das Vitamin K in Blumenkohl hält den Geist fit.

Neben all diesen wichtigen Nährstoffen enthalten 100 g Blumenkohl zudem 10 Prozent der empfohlenen Tagesmenge an Ballaststoffen, die unseren Körper vor verschiedenen Erkrankungen von Verstopfung bis Krebs schützen und für ein länger anhaltendes Sättigungsgefühl sorgen. Der niedrige Kaloriengehalt macht ihn außerdem zum besten Freund bei der Gewichtsabnahme – mehr essen ohne zu viele Kalorien!

Blumenkohl ist so gesund wie inspirierend. Er ist das perfekte Gemüse für Küchenexperimente – mit etwas Kreativität können alle Teile von den Röschen bis zu den Blättern verarbeitet werden. Die verschiedenen Sorten des Wundergemüses in weißer, gelber und lila Farbe sorgen für optische Abwechslung. Blumenkohl hat mein Leben auf so viele Arten verändert – Freitagabends gibt es wieder Pizza in meinem Haus und ich entdeckte eine neue, lukrative Lebensmittelgruppe. Wenn Blumenkohl eine Pizza werden kann, dann können Sie, meine Freunde, alles sein, was Sie sich erträumen!

Die Blumenkohl-Küche

Blumenkohl-Pizzafladen sind ein einfaches DIY-Projekt, das jedem gelingt – auch ohne Kocherfahrung. Sie sind so leicht zu formen, dass Ihre Kinder gern mitmachen. Man benötigt nur wenig Zubehör und wahrscheinlich steht schon einiges davon in Ihrer Küche.

Ausstattung

BACKBLECHE Um mehrere Pizzen gleichzeitig oder Kekse und andere Leckereien (Seiten 224–229) zu backen.

BACKPAPIER Als Backunterlage für die Pizzafladen.

GEFRIERBEUTEL Um Pizzafladen auf Vorrat aufzubewahren.

KÄSEREIBE Zum Käsereiben für Pizzen. Auch der Reibeeinsatz einer Küchenmaschine eignet sich.

KASTENFORM (20 X 10 CM) Um das neue Weißbrot (Seite 30) zu backen.

KÜCHENMASCHINE Um Blumenkohl in Blumenkohlreis (Seite 36) und Blumenkohlmehl (Seite 20) zu verwandeln sowie für die Zubereitung von Pestos (Seiten 48–50) und eine Reihe anderer Rezepte.

MESSER UND SCHNEIDEBRETTER Die Arbeitsgäule der Küche.

MIXER Für die Zubereitung von Saucen, Salsas und Aufstrichen. Ein starker Mixer liefert bei cremigen Saucen wie der Béchamelsauce (Seite 44) die seidigsten Ergebnisse.

PIE- ODER TARTE-PFANNE (Ø 25 CM) Für die Quiche (Seite 140).

PIZZABLECH Ein rundes Blech mit Löchern, um die Pizza nach dem Belegen zu überbacken. Erhältlich in Küchengeschäften oder online. Alternativ kann auch eine Kuchenform verwendet werden.

RUNDE KUCHENFORM (Ø 23 CM) Für die Zubereitung von Lasagnen (Seiten 136 und 138) und des Enchilada-Auflaufs mit Hähnchen und schwarzen Bohnen (Seite 144).

SCHÜSSELN Verschiedene Größen, um Teige und anderes zu vermengen.

SEIHTUCH, NUSSMILCHBEUTEL ODER EIN DÜNNES GESCHIRRTUCH Um das Blumenkohlmehl zu entwässern. Tipp für Mütter: Verwenden Sie ausgekochte Stoffwindeln!

SPRÜHFLASCHE (KLEIN) ODER ZERSTÄUBER Für den Saft von Zitrusfrüchten und Essig. Nicht unbedingt notwendig, aber ideal, um Pizzen zu verfeinern.

WAAGE, MESSBECHER UND LÖFFEL ZUM ABMESSEN Kleine Mengen sind in Esslöffel oder Teelöffel angegeben.

ZUBEHÖR Pizzaschneider, Zange, Holzlöffel, Sparschäler, Pfannenwender aus Silikon oder Plastik, breiter Pfannenwender aus Metall und ein Keksausstecher mit 6 bis 7 cm Durchmesser.

Zutaten

Die meisten Zutaten sind in Supermärkten oder Biogeschäften erhältlich. Was da nicht zu finden ist, kann online erworben werden.

Für die Blumenkohl-Pizzafladen

BASIC-PIZZAFLADEN Dafür werden nur drei Zutaten benötigt, die in jedem Supermarkt erhältlich sind: Blumenkohl, Eier und Mozzarella.

PALEO-PIZZAFLADEN Für dieses Rezept benötigt man Mandelmehl, Kokosmehl und gemahlene Chiasamen. All diese Zutaten sind in Biogeschäften und gut sortierten Supermärkten erhältlich.

PIZZAFLADEN AUF PFLANZENBASIS Enthält Nährhefe (auch als Hefeflocken bekannt), die in allen Biogeschäften und gut sortierten Supermärkten erhältlich ist. Flohsamenschalenpulver gibt es meist in der Abteilung für Nahrungsergänzungsmittel (alternativ können auch ganze Flohsamenschalen feiner gemahlen werden). Sesamsamenmehl und Sonnenblumenkernmehl sind in gut sortierten Bioabteilungen erhältlich. Alternativ können diese Mehlsorten auch online bestellt werden oder in kleinen Mengen in einer Gewürzmühle beziehungsweise für größere Mengen in einer Küchenmaschine feiner gemahlen werden.

Für die Rezepte

Alle Rezepte in diesem Buch sind gluten-, getreide-, sojafrei und kommen ohne raffinierten Zucker aus. Es werden keine industriell verarbeiteten Zutaten vorgeschlagen. Um sicherzustellen, dass alle gekauften Zutaten diesen Vorgaben entsprechen, lesen Sie die Etiketten genau. Hier eine Liste mit Dingen, auf die man achten sollte:

AVOCADOÖL Suchen Sie auf dem Etikett nach dem Wort »unraffiniert«.

COCO AMINOS Eine gluten- und sojafreie, aus Kokosblütennektar hergestellte Alternative zu Sojasauce.

GETREIDEFREIE NUDELN Menschen mit einer getreidefreien Ernährung müssen die Inhaltsangaben besonders genau lesen, da sogar manche Nudeln auf Bohnenbasis Getreide enthalten.

KOKOSFLOCKEN ODER -RASPEL (GETROCKNET) Wählen Sie eine Marke ohne Zuckerzusatz.

KOKOSMILCH Für die Rezepte in diesem Buch wird vollfette Kokosmilch aus der Dose verwendet.

MANDELBUTTER Wählen Sie eine zuckerfreie Sorte.

MAYONNAISE Halten Sie nach Mayonnaise aus 100 % nativem Olivenöl extra oder aus unraffiniertem Avocadoöl ohne Zuckerzusatz und sonstige Zusatzstoffe Ausschau.

MILCHPRODUKTE Bevorzugt von Biomarken. In allen Rezepten werden vollfette Milchprodukte verwendet.

PROBIOTISCHES PULVER Wird zur Fermentierung der Käse aus Nüssen verwendet. Wählen sie Probiotika ohne Milchsäure, damit auch Ihr Käse wirklich ohne Milchprodukte ist.

SCHOKOLADE Halten Sie nach Marken ohne raffinierten Zucker oder nach Schokolade, die mit Stevia gesüßt ist, Ausschau.

SPECK Kaufen Sie möglichst Speck ohne Nitrat, Nitrit und Zucker.

STEVIA Verwenden Sie Stevia ohne Geschmack aus einem Tropffläschchen. (Steviapulver enthält oft Pulvermolke und weitere Zusätze, außerdem lassen sich Flüssigkeiten besser dosieren.)

TAPIOKASTÄRKE Eine getreidefreie Stärke, die in verschiedenen Rezepten benötigt wird.

TOMATENPRODUKTE Schauen Sie nach Tomatenmark und -saucen sowie anderen Tomatenprodukten, in denen kein zusätzlicher Zucker, Maissirup mit hohem Fruchtzuckergehalt oder andere Zusatzstoffe enthalten sind.

VANILLEEXTRAKT Achten Sie darauf, dass der Extrakt aus echter Bourbonvanille ist. Vermeiden Sie ätherische Öle.

WORCESTERSHIRESAUCE Bei vielen Marken enthält diese klassische britische Würzsauce Getreide. Achten Sie also darauf, dass Sie eine glutenfreie Sauce kaufen.

WÜRSTE Kaufen Sie möglichst Würste ohne Nitrat, Nitrit und Zucker.

Grundlagen

Ab dem Moment, als die ersten Blumen-kohl-Pizzafladen den Markt erobert hatten, wurde ich täglich nach meinen Rezepten gefragt. Bis dato waren sie allerdings ein wohlgehütetes Geheimnis. Es ist ein großer Schritt für mich, sie nun zu teilen. Als Tüpfelchen auf dem i verrate ich sogar das Rezept für meinen Paleo-Pizzafladen. Jedes Rezept kann mit italienischer oder scharfer Jalapeño-Würzung zubereitet werden. Mir war es wichtig, dass alle Rezepte möglichst viele Philosophien gesunder Ernährung berücksichtigen, damit jede und jeder die Chance hat, das richtige für sich zu finden. Dieses Kapitel enthält die wichtigsten Rezepte für die perfekte Blumen-kohl-Küche – das neue Lieblingsweißbrot, Blumenkohlreis, Chips, Cracker und Brösel.

Blumenkohlmehl

ERGIBT ETWA 280 G BLUMENKOHLMEHL FÜR 2 FLADEN

GLUTENFREI

GETREIDEFREI

PALEO

LOW CARB

VEGAN

VEGETARISCH

O. MILCHPROD.

Hier beginnt die magische Verwandlung von Blumenkohl in Pizza, Quesadilla, Lasagne, Cracker, Chips, Brösel und mehr. Zunächst werden der Strunk und die Blätter entfernt (nicht wegwerfen!), dann werden die Röschen zu einer glatten Masse mit einer Konsistenz von Kartoffelpüree verarbeitet. Dieses Püree wird gebacken, um es zu trocknen, und dann wird es durch kräftiges Auswringen in Blumenkohlmehl verwandelt – die Grundlage für die Fladen.

Auch größere Mengen können auf diese Weise zubereitet werden, um für einen unerwarteten Pizzaabend gewappnet zu sein oder um Fladen auf Vorrat zu backen. Die hier vorgeschlagene Menge von 1,4 kg Blumenkohl ergibt genug

Blumenkohlmehl für zwei Pizzafladen – pro Fladen werden 140 g des selbst gemachten Mehls benötigt. Kein Blumenkohlkopf gleicht dem anderen, das heißt, selbst zwei gleich schwere Kohlköpfe ergeben nicht unbedingt die gleiche Menge Blumenkohlmehl. Sollte eine kleine Menge Mehl übrig bleiben, kann diese für andere Rezepte – beispielsweise für das neue Weißbrot (Seite 30) oder die Kokosmakronen (Seite 228) – verwendet werden.

Das Mehl gelingt mit einer Küchenmaschine am zuverlässigsten, aber es kann auch mit einem starken Standmixer zubereitet werden. Bei Letzterem ist es wichtig, die Röschen wiederholt hinunterzudrücken, bis die gewünschte Konsistenz erreicht ist – das

ist ein kleines Work-out und es bleiben meist reiskorngroße oder etwas größere Stückchen. Kein Problem, auch rustikale Pizzafladen sind lecker!

1 Blumenkohl (1,4 kg)

Den Backofen auf 175 °C Umluft vorheizen und ein Backblech mit Backpapier auslegen.

Den Blumenkohl (Seite 22, Abbildung 1) durch den Strunk vierteln (Abbildung 2), dann den Strunk und die Blätter von jedem Viertel grob mit einem Schnitt entfernen (Abbildung 3). Den restlichen Strunk und die Blätter wegschneiden (es ist kein Problem, wenn ein wenig von den Ästchen an den Röschen bleibt; Abbildung 4).

Den Blumenkohl in etwa 5 cm große Röschen teilen (Abbildung 5). Die Stückchen können auch etwas größer oder kleiner sein – alle sollten allerdings etwa gleich groß sein. Die Hälfte des Blumenkohls in der Küchenmaschine verarbeiten (Abbildung 6). Einige Male die Blumenkohlmasse mit einem Spatel von den Seiten schieben und so lange verarbeiten, bis sie eine Konsistenz von feuchtem Sand hat (Abbildung 7). Auch wenn es noch so verlockend ist, hier

aufzuhören: Noch ist es nicht so weit! Die Masse weiterverarbeiten und währenddessen regelmäßig mit einem Spatel von den Seiten schieben, bis das Messer der Küchenmaschine problemlos durch die Masse gleitet und der Blumenkohl eine Konsistenz von nassem, glattem und cremigem Kartoffelpüree mit kleinsten Stückchen hat (Abbildung 8). Stückchen, die größer als eine grüne Bohne sind, werden mit der zweiten Portion nochmals zerkleinert (beim Verteilen der Masse auf dem Backblech mit den Fingern hindurchfahren, um größere Stücke auszusortieren). Diesen Arbeitsschritt mit dem restlichen Blumenkohl wiederholen.

Den Blumenkohl auf dem vorbereiteten Backblech in einer dünnen Schicht (Abbildung 9) verteilen und 15 Minuten backen, ohne ihn braun werden zu lassen. Durch das Backen soll dem Blumenkohl die Feuchtigkeit entzogen werden. Optisch verändert sich beim Backen nicht viel – wenn der Blumenkohl anfängt, braun zu werden, sofort aus dem Ofen

holen. Den Blumenkohl auf dem Backblech komplett auskühlen lassen. Ein Viertel in einen Nussmilchbeutel füllen oder in vier Lagen eines Seihtuchs wickeln (Abbildung 10). Eindrehen und die Flüssigkeit über einer Schüssel oder dem Spülbecken auswringen.

Das fast fertige Mehl auseinanderbrechen, um es dann weiter auszuwringen, bis es so trocken wie möglich ist. Vier- bis fünfmal wiederholen, bis keine Flüssigkeit mehr austritt. Wenn die Handgelenke müde werden, ist das ein gutes Zeichen. Ein super Work-out für die Arme! Die Menge unterscheidet sich jedes Mal. Bis zu 480 ml Flüssigkeit können abfließen.

Das fertige Mehl sollte sich zu einem leicht bröseligen, doch stabilen Ball formen lassen, etwa wie weicher Ton (Abbildung 11). Wie im Rezept angegeben, verwenden oder abdecken und sofort kalt stellen (Blumenkohlmehl bleibt bei Zimmertemperatur nicht lange frisch). Im Kühlschrank kann das Mehl bis zu 3 Tage aufbewahrt werden. Nicht einfrieren.

Den Strunk und die Blätter nicht vergessen

Wer hätte gedacht, dass 20 Prozent gekaufter Lebensmittel nie gegessen werden! Beinahe 100 Prozent der Blätter und des Strunks von Blumenkohl erleiden das gleiche Schicksal, weil niemand weiß, wie lecker, vielseitig und nährstoffreich diese »Abfälle« sind. Kreativität ist gefragt! Blumenkohlblätter schmecken hervorragend in Wok-Gerichten, Suppen und Salaten oder in Rezepten wie dem Pesto aus Blumenkohlblättern (Seite 48), Garnelen mit Blumenkohlblattgrütze (Seite 124) sowie Blumenkohlsteak mit gerösteten Blumenkohlblättern (Seite 146). Die Blätter und der Strunk haben einen einzigartigen Geschmack – klar, mit kräftiger Gemüsenote –, der schon in kleinen Mengen Ihre Gerichte bereichert. Sie sind eine ausgezeichnete Quelle für Kalzium und auch sonst stehen sie den Blumenkohlröschen in nichts nach (siehe Seite 14).

DIY-Blumenkohl-Pizzafladen

Wenn das Blumenkohlmehl fertig ist, ist es ein Kinderspiel, die Blumenkohl-Pizzafladen zu formen und zu backen. Es lohnt sich, gleich mehrere zu machen und einige einzufrieren, damit immer welche zur Hand sind. Tiefgefroren können die Fladen bis zu 9 Monate aufbewahrt werden. Jegliche Formen und Größen sind erlaubt: rechteckig für Sandwiches, kleine Fladen für Crostini, Tarteletts oder Minipizzen. Viel Spaß beim Experimentieren! Für Pizzen, die nicht noch einmal überbacken werden (wie Salatpizzen), sollten die Fladen ein paar Minuten länger, als in diesen Rezepten angeben, gebacken werden.

TIPP

Eine Kuchenform mit einem Durchmesser von 23 cm ist die perfekte Schablone. Einfach mit einem Stift auf dem Backpapier nachziehen und sich beim Formen des Fladens an der Linie orientieren.

Blumenkohl-Pizzafladen

ERGIBT 1 PIZZAFLADEN (Ø 23 CM)

GLUTENFREI GETREIDEFREI

LCHF VEGETARISCH

Das Rezept, das 2015 die Blumenkohlpizza-Revolution angestoßen hat, verlangt nach nur drei einfachen Zutaten. Viele Stunden harter Arbeit und jede Menge Experimentieren haben diesen preisgekrönten Fladen zu dem gemacht, was er heute ist.

140 g Blumenkohlmehl
(Seite 20), grob zerbröselt

55 g Mozzarella, gerieben

1 Ei (Größe L)

Den Backofen auf 175 °C Umluft vorheizen und ein Backblech mit Backpapier auslegen.

Alle Zutaten in eine Schüssel mittlerer Größe geben und mit einem Silikonspatel vermengen (Abbildungen 1 und 2, auf der gegenüberliegenden Seite). Den Teig zu einem groben Fladen formen und mit den Händen auf das vorbereitete Backblech drücken, um einen kreisrunden Fladen mit einem Durchmesser von 23 cm zu erhalten (Abbildung 3). Im Ofen 30 Minuten – oder bis der Fladen fest und leicht gebräunt ist – backen (Abbildung 4). Aus dem Ofen holen und den Fladen mit einem Pfannenwender aus Metall auf ein Abkühlgitter heben, damit er vor dem Belegen etwas abkühlt. Wird der Fladen nicht sofort verwendet, kann er in einem Gefrierbeutel bis zu 9 Monate im Tiefkühlfach aufbewahrt werden. Nicht im Kühlschrank aufbewahren.

VARIATIONEN

Italienische Würzung: *1 TL getrocknetes Basilikum und 1 TL Knoblauchpulver in den Teig arbeiten.*

Scharfe Jalapeño-Würzung: *1–2 TL gemahlene Jalapeño, 1 ¼ TL rote Chiliflocken und ¼ TL Knoblauchpulver in den Teig arbeiten.*

Blumenkohl-Pizzafladen auf Pflanzenbasis

ERGIBT 1 PIZZAFLADEN (Ø 23 CM)

GLUTENFREI · GETREIDEFREI · PALEO · LCHF · VEGAN · VEGETARISCH · O. MILCHPROD.

Ich gehe regelmäßig zu Nahrungsmittelmessen und konnte beobachten, dass Nahrung auf Pflanzenbasis einer der größten Trends ist. Auch proteinreiche Nahrung ist sehr beliebt. Diese beiden Trends werden in Zukunft weiterhin eine wichtige Rolle spielen. Täglich werden neue Produkte entwickelt – Wegbereiter für Clean Eating. Dieses Rezept ist für all unsere Kunden, die sich eine Pizzavariation ohne Eier und ohne Milchprodukte wünschen. Die erste Version dieses Rezepts enthielt Mandelmehl und Leinsamen. Vor Kurzem wurde das Rezept jedoch in unserer Testküche überarbeitet, um das darin enthaltene Nussmehl zu ersetzen, damit auch jene mit Nussallergien diese Pizza genießen können.

Selbst auf dem Blumenkohlpizza-Markt ist dieser Fladen einzigartig, denn er ist nicht nur glutenfrei, sondern auch getreidefrei und enthält keine Milchprodukte, dafür aber viel Protein. Dieser Fladen hat sogar zwei überregionale Clean-Eating-Auszeichnungen gewonnen.

Für selbst gemachtes Sesamsamen- und Sonnenblumenkernmehl empfiehlt sich, es für kleine Mengen in einer Gewürzmühle und für größere Mengen in einer Küchenmaschine zu mahlen.

TIPP

Die Samen und/oder Kerne nicht zu fein mahlen, sonst wird daraus Nussbutter (die man natürlich für ein leckeres Sandwich auf einen Fladen streichen kann).

25 g Sesamsamenmehl

25 g Sonnenblumenkernmehl

2 TL Nährhefe (Hefeflocken)

1 ½ TL Flohsamenschalenpulver

¼ TL Meersalz

140 g Blumenkohlmehl (Seite 20), grob zerbröselt

1 EL natives Olivenöl extra

Den Backofen auf 175 °C Umluft vorheizen und ein Backblech mit Backpapier auslegen.

In einer Schüssel mittlerer Größe Sesamsamenmehl, Sonnenblumenkernmehl, Nährhefe, Flohsamenschalenpulver und Salz verrühren. Das Blumenkohlmehl in die Schüssel bröseln, das Öl hinzugeben und mit einem Silikonspatel mit den trockenen Zutaten verrühren. Dann mit den Händen etwa 30 Sekunden – oder bis die Zutaten gründlich vermengt sind und der Teig glatt ist – kneten.

Den Teig zu einem groben Fladen formen und mit den Händen auf das vorbereitete Backblech drücken, um einen kreisrunden Fladen mit einem Durchmesser von 23 cm zu erhalten. Im Ofen 30 Minuten – oder bis der Fladen fest und leicht gebräunt ist – backen. Aus dem Ofen holen und den Fladen mit einem Pfannenwender aus Metall auf ein Küchengitter heben, damit er vor dem Belegen etwas abkühlt. Wird der Fladen nicht sofort verwendet, kann er in einem Gefrierbeutel bis zu 9 Monate im Tiefkühlfach aufbewahrt werden. Nicht im Kühlschrank aufbewahren.

VARIATIONEN

Italienische Würzung: *1 TL getrocknetes Basilikum und ½ TL Knoblauchpulver in den Teig arbeiten.*

Scharfe Jalapeño-Würzung: *Nur ⅛ TL Salz verwenden und 1–2 TL gemahlene Jalapeño, 1 ¼ TL rote Chiliflocken und ¼ TL Knoblauchpulver in den Teig arbeiten.*

Paleo-Blumenkohl-Pizzafladen

ERGIBT 1 PIZZAFLADEN (Ø 23 CM)

GLUTENFREI GETREIDEFREI

PALEO LOW CARB VEGAN

VEGETARISCH O. MILCHPROD.

Einen Paleo-Pizzafladen zu entwickeln, war ein ambitioniertes und einschüchterndes Projekt. Jetzt ist dieser Traum Realität geworden und der Paleo-Fladen genauso leicht zuzubereiten wie alle anderen. Viele Paleo-Backwaren enthalten Tapiokastärke, doch bei unserem Rezept wird auf diese zusätzlichen Kohlenhydrate verzichtet. Der Pizzafladen ist also nicht nur Paleo, sondern auch Low Carb!

2 EL Mandelmehl

2 EL Kokosmehl

1 EL gemahlene Chiasamen

½ TL Meersalz

2 Eier (Größe L)

140 g Blumenkohlmehl (Seite 20), grob zerbröselt

Den Backofen auf 175 °C Umluft vorheizen und ein Backblech mit Backpapier auslegen.

In einer Schüssel mittlerer Größe Mandelmehl, Kokosmehl, gemahlene Chiasamen und Salz verrühren. Die Eier einrühren, dann das Blumenkohlmehl in die Schüssel geben und alles mit einem Silikonspatel verrühren. Mit den Händen etwa 30 Sekunden – oder bis die Zutaten gründlich vermengt sind und der Teig glatt ist – kneten. Den Teig zu einem groben Fladen formen und mit den Händen auf das vorbereitete Backblech drücken, um einen kreisrunden Fladen mit einem Durchmesser von 23 cm zu erhalten. Im Ofen 30 Minuten – oder bis der Fladen fest und leicht gebräunt ist – backen. Aus dem Ofen holen und den Fladen mit einem Pfannenwender aus Metall auf ein Küchengitter heben, damit er vor dem Belegen etwas abkühlt. Wird der Fladen nicht sofort verwendet, kann er in einem Gefrierbeutel bis zu 9 Monate im Tiefkühlfach aufbewahrt werden. Nicht im Kühlschrank aufbewahren.

VARIATIONEN

Italienische Würzung: *1 TL getrocknetes Basilikum und 1 TL Knoblauchpulver in den Teig arbeiten.*

Scharfe Jalapeño-Würzung: *1–2 TL gemahlene Jalapeño, 1 ¼ TL rote Chiliflocken und ¼ TL Knoblauchpulver in den Teig arbeiten.*

Neues Weißbrot

ERGIBT 1 LAIB (20 CM LÄNGE, 16 SCHEIBEN)

GLUTENFREI

GETREIDEFREI

PALEO

LCHF

VEGETARISCH

Dieses Rezept ist eine Kreation von Doug Smith aus unserem Forschungs- und Entwicklungsteam, der ein Meister darin ist, Low-Carb-Gerichte so gut wie ihre kohlenhydratreichen Gegenstücke schmecken zu lassen. Weißbrot war ein fester Bestandteil meiner Kindheit. Nach der Schule haben wir es mit Butter und Zucker bestrichen, die Kruste abgeschnitten und den Rest zu einem Ball geformt gegessen (Entzündungen waren programmiert!).

Die große Menge an Eiweiß in diesem Brot sorgt dafür, dass es perfekt zusammenhält und es nie trocken oder bröselig wie andere glutenfreie Brote ist. Es ist perfekt für Arme Ritter (Seite 76), Croûtons (Seite 33) und Knoblauch-Röstbrot (siehe Variation auf der gegenüberliegenden Seite) sowie eine ideale Beilage. Vor dem Servieren toasten, denn so schmeckt es am besten.

6 Eier (Größe L), getrennt

¼ TL Weinsteinpulver

140 g Mandelmehl

115 g Blumenkohlmehl (Seite 20), grob zerbröselt

55 g Ghee oder Butter, geschmolzen und abgekühlt

1 EL Backpulver

5 Tropfen flüssiges Stevia (ohne Geschmack)

⅛ TL Meersalz

Den Backofen auf 190 °C Umluft vorheizen und eine 20 x 10 cm große Kastenform mit Backpapier auslegen.

Eiweiße und Weinsteinpulver in eine große Schüssel geben und mit einem elektrischen Handmixer schlagen, bis es steife Spitzen bildet.

In einer Küchenmaschine Eigelb, Mandelmehl, Blumenkohlmehl, Ghee, Backpulver, Stevia und Salz gründlich vermengen. Etwa ein Drittel des geschlagenen Eiweißes hinzugeben und pulsierend einarbeiten, bis die Masse glatt ist. Nicht zu lange verarbeiten. Die Masse in eine große Schüssel geben und vorsichtig das restliche Eiweiß in drei Portionen unterheben und in die vorbereitete Kastenform füllen. Im Ofen 30 Minuten – oder bis der Laib oben goldbraun ist – backen. Den Backofen

abschalten und die Tür einen Spalt öffnen. Weitere 20 Minuten im Ofen stehenlassen und dann herausnehmen und in der Backform auf einem Küchengitter komplett auskühlen lassen. Das Brot aus der Form stürzen, aufschneiden und servieren. Der Laib kann in Frischhaltefolie gewickelt im Kühlschrank bis zu 5 Tage und tiefgefroren bis zu 1 Monat aufbewahrt werden.

ALTERNATIV

Für ein Brot ohne Milchprodukte: *Ghee weglassen.*

VARIATION

Knoblauch-Röstbrot: *Das Brot aufschneiden und toasten. In einer kleinen Pfanne 85 g gesalzene Butter mit drei durchgepressten Knoblauch-zehen schmelzen. Einige Minuten ab-kühlen lassen und dann auf das Brot streichen. Oder die Brotscheiben mit der Creme aus geröstetem Knoblauch (Seite 51) bestreichen.*

Croûtons

ERGIBT ETWA 30 G

In diesem Rezept ist das Beste am Salat tatsächlich auch aus Gemüse – nämlich die Croûtons. Sie eignen sich ideal für einen Caesar Salad (Seite 110) und sind für jede Art von Suppe oder Salat eine leckere Beilage. Außerdem sind sie leicht zuzubereiten: einfach das neue Weißbrot (Seite 30) würfeln und anbraten. Am besten schmecken sie direkt aus der Pfanne, aber sollten welche übrig bleiben, können sie im Backofen wieder schön knusprig gebacken werden.

1 EL Ghee oder Butter

¾ TL frisch gehackte Kräuter (z. B. Thymian, Oregano, Petersilie oder eine Mischung)

3 Scheiben neues Weißbrot (ca. 12 mm dick), in Würfel geschnitten

⅛ TL Meersalz

1 Prise frisch gemahlener schwarzer Pfeffer

In einer Pfanne mittlerer Größe das Ghee bei mittlerer Temperatur schmelzen. Die Kräuter hinzugeben und unter ständigem Rühren 15 Sekunden anschwitzen. Die Brotwürfel hinzugeben und unter regelmäßigem Rühren 5–7 Minuten – oder bis die Würfel gleichmäßig gebräunt sind – anbraten. Mit Salz und Pfeffer würzen. Abkühlen lassen und nach Angaben des Rezepts verwenden.

GLUTENFREI

GETREIDEFREI

PALEO *

LCHF

VEGETARISCH

* wenn Ghee verwendet wird

Blumenkohlchips oder Blumenkohlcracker

FÜR 4 PERSONEN

Dieses Rezept ist eine Kreation von COO Jimi Sturgeon-Smith, meiner rechten Hand bei Cali'flour Foods. Jimi ist eine Dip-Liebhaberin. Mit ihr geht man am besten in Restaurants, die Gerichte mit Mayonnaise und Ranch-Dressing anbieten, denn sie vergöttert cremige Saucen. Sie ist sogar so weit gegangen, unsere Fladen in Chips zu scheiden, nur damit sie dippen kann! So sind diese Chips und Cracker ins Leben gerufen worden – dank Jimi.

Halb gefrorene Fladen lassen sich besonders gut scheiden. Die Chips oder Cracker schmecken frisch gebacken am besten, sollten welche übrig bleiben, können sie in einer Plastiktüte oder einem luftdichten Gefäß im Kühlschrank aufbewahrt werden. Vor dem Servieren knusprig rösten.

2 Blumenkohl-Pizzafladen jeglicher Art (Seiten 26–29)

Denn Backofen auf 175 °C Umluft vorheizen und ein Backblech mit Backpapier auslegen.

Die Fladen in Form von Chips oder in Cracker beliebiger Größe schneiden. Auf das vorbereitete Backblech geben und im Ofen 12–15 Minuten – oder bis sie knusprig-braun sind – backen. Einmal wenden. Dabei regelmäßig prüfen, denn manche sind vielleicht schneller fertig als andere und müssen schon früher aus dem Ofen genommen werden. Die Chips oder Cracker herausnehmen, komplett abkühlen lassen und servieren.

Blumenkohlbrösel

ERGIBT ETWA 100 G

Panaden sind ein wichtiger Teil der Kochtradition meiner Familie – angefangen bei Hähnchen Parmigiana bis zu Okra. Heute brate ich nichts mehr in Fett aus, aber den Genuss von Bröseln, entweder über Suppen und Salaten, auf Dips oder als Panade für Fisch oder Hähnchen, will ich mir nicht entgehen lassen.

Meine Lösung: Blumenkohl-fladen zerbrechen und in der Küchenmaschine zerkleinern. Auch ideal, um Fladenreste, die beim Ausstechen von Crostini (Seite 96) übrig bleiben, zu verarbeiten.

1 Blumenkohl-Pizzafladen jeglicher Art (Seiten 26–29)

Den Backofen auf 190 °C Umluft vorheizen und ein Backblech mit Backpapier auslegen.

Den Fladen auf das vorbereitete Backblech legen und etwa 12 Minuten – oder bis er knusprig und braun ist – backen. Einmal wenden. Aus dem Ofen nehmen und komplett abkühlen lassen. Dann in Stückchen brechen und in einer Küchenmaschine pulsierend zu feinen Bröseln verarbeiten. Die Brösel können im Kühlschrank abgedeckt bis zu 5 Tage aufbewahrt werden. Vor dem Servieren in einer heißen Pfanne oder im Backofen einige Minuten knusprig rösten.

Blumenkohlreis

ERGIBT ETWA 1 KG

GLUTENFREI

GETREIDEFREI

PALEO

LOW CARB

VEGAN

VEGETARISCH

O. MILCHPROD.

In meiner Kindheit gab es oft Reis. So war das auch schon bei meiner Mutter und ihrer Mutter – ein Spiegel der Essrealität meiner Familie während der harten Jahre der Wirtschaftskrise in Amerika. Besonders gute Erinnerungen habe ich an weißen Reis mit Milch, Zimt und Zucker bei Grandma Netta. Die Erinnerungen werde ich für immer bewahren, doch heute löst normaler Reis bei mir Entzündungen aus. Dank Blumenkohlreis kann ich jetzt allerdings wieder Milchreis (Seite 68) genie-

ßen. Und nicht nur das, sondern auch Pfannkuchen (Seite 64) und viele andere Wohlfühlgerichte. Verschiedenste Reisgerichte (Seiten 122, 126 und 130) stehen jetzt endlich wieder auf meinem Speiseplan. Achtung! Wir unterscheiden zwischen Blumenkohlreis, der üblicherweise für Blumenkohlpizzen verwendet wird, und Blumenkohlmehl (Seite 20), das die Grundlage für die Pizzafladen ist.

1 Blumenkohl (1,4 kg)

Den Blumenkohl durch den Strunk vierteln, dann den Strunk und die Blätter von jedem Viertel grob mit einem Schnitt entfernen. Den restlichen Strunk und die Blätter wegschneiden (es ist kein Problem, wenn einige Ästchen an den Röschen bleiben).

Den Blumenkohl in etwa 5 cm große Röschen teilen. Die Stückchen können auch etwas größer oder kleiner sein – sie sollten allerdings etwa gleich groß sein. Die Hälfte des Blumenkohls in der Küchenmaschine 15–20 Mal – oder bis die Stückchen die Größe von Reiskörnern haben – pulsierend verarbeiten. Dabei die Masse ein- oder zweimal von den Seiten schieben. Die Stückchen werden nicht alle perfekt gleich groß sein, das müssen sie auch nicht! Sollten größere Stücke in der Masse sein, einfach heraussuchen und mit der zweiten Hälfte des Blumenkohls noch einmal verarbeiten. Den Reis nach Angaben des Rezepts verwenden oder sofort abdecken und bis zu 3 Tage kalt stellen (ungekühlt bleibt Blumenkohlreis nicht lange frisch). Nicht einfrieren.

Saucen, Aufstriche und Käse

ch liebe Saucen. Zum Dippen, als Aufstrich oder als kleines Extra zu fast allem. In Louisiana beschreibt das Wort »Lagniappes« ein besonderes Geschenk oder eine Dreingabe – und für mich sind Saucen genau das! Louisiana lehrte mich nicht nur dieses Wort, sondern auch meine Vorliebe für gutes Essen und Saucen. Gerade Pizza ist natürlich unvorstellbar ohne Sauce. Hier gibt es die Rezepte für einige meiner Lieblingssaucen – von einfacher Blumenkohl-Marinara und -Bolognese bis zu Béchamelsauce, Salsa und Pesto aus Blumenkohlblättern – sowie für drei Käse auf Pflanzenbasis. Ideal für Pizzen und so vieles mehr.

Marinara-Sauce

ERGIBT ETWA 720 ML

GLUTENFREI
GETREIDEFREI
PALEO
LOW CARB
VEGAN
VEGETARISCH
O. MILCHPROD.

Ohne diese Sauce gäbe es keine Pizza Margherita (Seite 162)! Auch auf Pizza Hawaii (Seite 190), Pizza mit Wok-Gemüse (Seite 182) und einer klassischen Salamipizza (Seite 186) schmeckt diese Sauce natürlich hervorragend. Besonders praktisch ist es, die Sauce in Portionen à 60 ml auf Vorrat einzufrieren. Mit passierten Tomaten wird die Marinara-Sauce besonders glatt und lässt sich gut auf dem Pizzafladen verteilen.

2 EL natives Olivenöl extra

1 braune Zwiebel, abgezogen und fein geschnitten

2 Knoblauchzehen, abgezogen und fein gehackt

¼ TL getrockneter Oregano

¼ TL rote Chiliflocken

800 g passierte Tomaten (aus der Dose)

¾ TL Meersalz (oder nach Geschmack)

½ TL frisch gemahlener schwarzer Pfeffer

1 EL frisch gehacktes Basilikum

In einer Pfanne mittlerer Größe das Öl bei mäßiger Temperatur erhitzen. Die Zwiebeln darin etwa 5 Minuten – oder bis sie weich sind und beginnen, braun zu werden – anschwitzen. Den Knoblauch hinzugeben und etwa 1 Minute – oder bis er zu duften beginnt – anschwitzen. Oregano und Chiliflocken zufügen und etwa 30 Sekunden mitbraten. Passierte Tomaten, Salz und Pfeffer dazugeben und zum Köcheln bringen. Die Temperatur reduzieren und die Sauce ohne Deckel etwa 30 Minuten – oder bis sie etwas eingedickt ist – köcheln lassen. Das Basilikum einrühren und die Pfanne vom Herd nehmen. Nach den Angaben des Rezepts verwenden oder abkühlen lassen und abgedeckt bis zu 5 Tage im Kühlschrank oder bis zu 2 Monate im Tiefkühlfach aufbewahren.

Schnelle Sauce bolognese

ERGIBT ETWA 1,2 L

GLUTENFREI

GETREIDEFREI

PALEO *

LOW CARB

O. MILCHPROD.

* wenn Rinder-
brühe verwen-
det wird

Als ich ein junges Mädchen war, machte meine Mutter immer eine riesige Portion Sauce bolognese. Die Sauce wurde mit jedem Tag besser und zu Spaghetti war sie ein nährendes, leckeres Gericht, das unser Konto nicht sprengte. Neben Sauce bolognese war auch die Country-Musik von Alan Jackson ein großer Teil meiner Kindheit. Niemals hätte ich es für möglich gehalten, dass Jacksons Tochter, Mattie Jackson von Salt & Vine in Nashville, eines Tages unsere Pizzafladen mit ihrer Sauce bolognese servieren würde. Das Rezept schmeckt auch mit Hackfleisch von Kalb, Schwein, Lamm und Pute (oder einer Mischung davon) hervorragend und kann in Portionen à 120 ml – die perfekte Menge für eine Pizza – eingefroren werden.

1 EL natives Olivenöl extra

1 große weiße Zwiebel, abgezogen und gehackt

1 Stange Staudensellerie, geputzt und fein gewürfelt

1 große Karotte, geschält und fein gewürfelt

3 Knoblauchzehen, abgezogen und fein gehackt

455 g Rinderhackfleisch

1 TL getrockneter Oregano

1 TL getrocknetes Basilikum

1 getrocknetes Lorbeerblatt

3 EL Tomatenmark

120 ml trockener Rotwein, Weißwein oder Rinderbrühe

800 g ganze Tomaten mit Saft (aus der Dose)

½ TL Meersalz (oder nach Geschmack)

½ TL frisch gemahlener schwarzer Pfeffer (oder nach Geschmack)

In einem großen Topf das Öl bei mäßiger Temperatur erhitzen. Zwiebeln, Staudensellerie und Karotten in den Topf geben und etwa 5 Minuten anschwitzen. Den Knoblauch hinzugeben und etwa 1 Minute anschwitzen. Das Rinderhackfleisch dazugeben und etwa weitere 15 Minuten – bis es nicht mehr rosa und am Boden des Topfes gebräunt ist – anbraten. Währenddessen umrühren und größere Stückchen Hackfleisch zerkleinern. Oregano, Basilikum und Lorbeerblatt einrühren und 1 Minute weiterbraten. Dann das Tomatenmark dazugeben und unter ständigem Rühren weitere 2 Minuten anbraten. Den Wein angießen und beim Umrühren den Boden des Topfes abschaben. Etwa 5 Minuten kochen. Die Tomaten über dem Topf mit den Händen zerdrücken und dann Tomatensaft, Salz und Pfeffer dazugeben. Die Sauce zum Köcheln bringen. Die Temperatur auf niedrige Stufe reduzieren und die Sauce 45–60 Minuten köcheln lassen. Abschmecken und, wenn nötig, mit Salz und Pfeffer nachwürzen. Nach Angaben des Rezepts verwenden oder abkühlen lassen und abgedeckt bis zu 5 Tage im Kühlschrank oder bis zu 2 Monate im Tiefkühlfach aufbewahren.

Schnelle Sauce bolognese

Béchamelsauce

Béchamelsauce

ERGIBT ETWA 360 ML

GLUTENFREI

GETREIDEFREI

PALEO

LOW CARB

VEGAN

VEGETARISCH

O. MILCHPROD.

Meine Mutter kochte oft Thunfischauflauf mit Béchamelsauce. Sie war eine hart arbeitende Frau und Thunfischauflauf war ein leckeres, schnelles Gericht. Meine Version davon ist ebenso leicht zuzubereiten, ist aber zudem mit einer Mischung aus Blumenkohl, Cashewkernen und Kokosmilch verfeinert. Diese Béchamelsauce kann auch als ach so cremige Pizzasauce ohne Milchprodukte verwendet werden und ist der Star der veganen Version der Käse-Sahne-Sauce (Seiten 178 und 214).

225 g Blumenkohlröschen und -ästchen, in 2,5 cm große Stücke geschnitten

40 g Cashewkerne

1 große Knoblauchzehe, abgezogen

180 ml Gemüsebrühe oder Wasser (plus mehr, wenn nötig)

60 ml ungesüßte Kokosmilch (aus der Dose)

½ TL Meersalz

2 TL Nährhefe (Hefeflocken)

½ TL Abrieb von 1 unbehandelten Zitrone

1 ½ TL frisch gepresster Zitronensaft (oder mehr nach Geschmack)

¼ TL frisch gemahlener weißer Pfeffer

2 TL frisch gehackte Kräuter (z. B. Oregano oder Thymian)

Blumenkohl, Cashewkerne, Knoblauch, Brühe oder Wasser, Kokosmilch und Salz in einen Topf mittlerer Größe geben. Bei mittlerer bis hoher Temperatur zum Köcheln bringen. Die Temperatur auf mittlere bis niedrige Stufe reduzieren, mit einem Deckel abdecken und etwa 10 Minuten – oder bis der Blumenkohl und die Cashewkerne weich sind – köcheln lassen. Dabei immer wieder umrühren, sodass der Blumenkohl und die Cashewkerne von der Flüssigkeit bedeckt sind, und mit dem Kochlöffel größere Stückchen zerstoßen.

In einen Standmixer (vorzugsweise mit hoher Geschwindigkeitseinstellung) umfüllen und ein wenig abkühlen lassen. Nährhefe, Zitronenabrieb, Zitronensaft und Pfeffer dazugeben und verarbeiten, bis die Sauce glatt ist. Die Kräuter dazugeben und pulsierend einarbeiten oder unterrühren. Probieren und eventuell mit mehr Salz und/oder Zitronensaft verfeinern. Sollte die Sauce zu dickflüssig sein, mehr Wasser oder Brühe dazugeben. Sofort verwenden oder abgedeckt im Kühlschrank bis zu 3 Tage aufbewahren.

Rote Salsa

ERGIBT ETWA 360 ML

Wächst man in Kalifornien auf, gehört mexikanisches Essen zwangsläufig zum Alltag. Auch während meiner College-Jahre war es ein ständiger Begleiter. Um ehrlich zu sein: Meine Mitbewohner und ich ernährten uns praktisch ausschließlich mexikanisch. Rote und grüne Salsa (Seite 46) mit unseren Pizzafladen zu paaren, war selbstverständlich. Auch zu Nachos (Seite 156) und Burrito-Bowls (Seite 130) sind diese Salsas köstlich. Mit Tomaten aus der Dose gelingt Salsa zu jeder Jahreszeit und das Rösten der Tomaten verstärkt ihren Geschmack. So entsteht eine Salsa, die perfekt zu Pizzen passt. Für eine saftigere Salsa, als Dip für Chips oder als Sauce über Reis einfach etwas Tomatensaft dazugeben.

1 EL natives Olivenöl extra

800 g ganze Tomaten (aus der Dose)

2 Knoblauchzehen, abgezogen

½ kleine weiße Zwiebel, abgezogen und gehackt

1 große Jalapeño-Chilischote, geputzt, gewaschen und gehackt

40 g frischer Koriander, gehackt

2 EL frisch gepresster Limettensaft

2 EL frisch gepresster Zitronensaft

⅛ TL gemahlener Kreuzkümmel

½ TL Meersalz

Den Backofen auf 230 °C Ober-/Unterhitze vorheizen. Eine ofenfeste Pfanne mittlerer Größe oder ein kleines Backblech mit dem Öl einfetten. Die Tomaten und den Saft über einer Schüssel durch ein Sieb abseihen. Die Tomaten mit den Händen zerdrücken, damit sie mehr Flüssigkeit verlieren. Den Saft beiseitestellen. Die Tomaten in die vorbereitete Pfanne geben und 10–15 Minuten rösten. Dabei ein- bis zweimal wenden. Aus der Pfanne nehmen und abkühlen lassen.

In einer Küchenmaschine den Knoblauch zerhacken. Zwiebel, Jalapeño-Chilischote, Koriander, Zitrussäfte, Kreuzkümmel und Salz dazugeben und pulsierend verarbeiten, bis alles grob gehackt ist. Die Tomaten in die Küchenmaschine geben und die Zutaten weiterverarbeiten, bis die Tomaten zerkleinert sind. Wenn die Salsa zu flüssig ist, einfach in einem Sieb über einer Schüssel abseihen. Ist die Salsa zu trocken, etwas vom beiseitegestellten Tomatensaft unterrühren. In eine Schüssel umfüllen und genießen oder nach den Angaben des Rezepts weiterverarbeiten. Abgedeckt kann die Salsa bis zu 3 Tage im Kühlschrank aufbewahrt werden.

GLUTENFREI

GETREIDEFREI

PALEO

LOW CARB

VEGAN

VEGETARISCH

O. MILCHPROD.

Grüne Salsa

ERGIBT ETWA 360 ML

GLUTENFREI

GETREIDEFREI

PALEO

LOW CARB

VEGAN

VEGETARISCH

O. MILCHPROD.

Ich liebe scharfe grüne Salsa! Rote Salsa (Seite 45) hat einen tiefen, reichen Geschmack. Grüne Salsa hingegen hat ein frisches, zitroniges Aroma, das die verschiedensten Gerichte – vom Avocado-toast (Seite 98) bis zum Enchilada-Auflauf mit Hähnchen und schwarzen Bohnen (Seite 144) – verfeinert. Durch das Grillen der Tomatillos bekommt diese Salsa eine rauchige Note. Kann man sich nicht für eine Salsa entscheiden, verwendet man am besten beide, wie bei meinem Rezept für Huevos divorciados (Seite 79). Tomatillos sehen wie kleine grüne Tomaten aus, die in dünnes Papier gewickelt sind. Einfach die papierähnliche Schale abziehen und entsorgen. Die abgezogenen Tomatillos vor dem Grillen waschen.

455 g Tomatillos, abgezogen und gründlich gewaschen

½ weiße Zwiebel, abgezogen und halbiert

1 große Jalapeño-Chilischote, entstielt

2 Knoblauchzehen mit Schale

¾ TL Meersalz

20 g frische Korianderblätter und -stängel, grob gehackt

Den Grill vorheizen.

Tomatillos, Zwiebelhälften, Jalapeño und Knoblauchzehen auf ein Backblech legen. Etwa 5 Minuten – oder bis die Tomatillos, die Jalapeño und die Knoblauchzehen stellenweise schwarz und die Tomatillos weich sind und ihre Farbe stumpf ist – grillen. Wenn nötig, den Knoblauch früher aus dem Grill holen. Mit einer Zange alle Zutaten wenden und 5 Minuten – oder bis die Tomatillos in sich zusammenfallen – weitergrillen. Etwas abkühlen lassen, dann die Knoblauchzehen abziehen. Das geröstete Gemüse mit dem Saft der Tomatillos in einen Standmixer oder eine Küchenmaschine geben. Das Salz dazugeben und alles zu einem groben Püree verarbeiten. Ist die Salsa zu dickflüssig, etwas Wasser dazugeben. Dann den Koriander in die Salsa geben und pulsierend einarbeiten, um alle Zutaten zu vermengen. In eine Schüssel umfüllen und sofort genießen oder nach den Angaben des Rezepts weiterverarbeiten. Abgedeckt kann die Salsa bis zu 3 Tage im Kühlschrank aufbewahrt werden.

VARIATION

Grüne Salsa mit gerösteter Chili de Arbol: *Die Stiele von 1–2 getrockneten Chilis de Arbol entfernen. In einer Pfanne bei mittlerer bis hoher Temperatur auf beiden Seiten etwa 2 Minuten – oder bis sie dunkel sind – rösten. Vollständig abkühlen lassen, dann die gerösteten Chilischoten in die Salsa bröseln und im Standmixer oder in der Küchenmaschine mit den restlichen Zutaten gründlich vermengen.*

Grüne Salsa

Rote Salsa

Pesto aus Blumenkohlblättern

ERGIBT ETWA 240 ML

GLUTENFREI

GETREIDEFREI

LCHF

VEGETARISCH

Heldenhafte Stunden mit Mahlen, Backen und Auspressen von Blumenkohlröschen waren nötig, um dieses Rezept zu entwickeln. Eine meiner Testerinnen, Katie Eyles, hatte die Idee für diese Pesto-Variation, um die Berge unverwendeter Blumenkohlblätter zu verarbeiten. Blumenkohlblätter haben eine helle, leicht bittere Gemüsenote – sie macht dieses Pesto zu einem klassischen Begleiter für unsere Pizzafladen. Achtung: Eine kleine Menge an Blättern ist ausreichend! Verwendet wird nur das Grüne der Blätter, nicht der weiße knackige Teil. Hat man keine Blumenkohlblätter zur Hand, kann man einfach mehr Basilikum oder andere Kräuter nehmen.

3 Knoblauchzehen, abgezogen

35 g Pinienkerne

¼ TL Meersalz (oder mehr nach Geschmack)

¼ TL frisch gemahlener schwarzer Pfeffer (oder mehr nach Geschmack)

1 TL Abrieb von 1 unbehandelten Zitrone

1 EL frisch gepresster Zitronensaft (oder mehr nach Geschmack)

25 g Parmesan, gerieben

10 g Blumenkohlblätter (nur die grünen Teile)

60 g frisches Basilikum (Blätter und weiche Stängel)

2 EL frisch gehackte Petersilie (Blätter und weiche Stängel)

90–120 ml natives Olivenöl extra

Die Knoblauchzehen durch das Loch im Deckel in eine laufende Küchenmaschine fallen lassen, um sie zu zerhacken. Pinienkerne, Salz und Pfeffer dazugeben und verarbeiten, bis alles grob gemahlen ist. Zitronenabrieb, Zitronensaft, Parmesan, Blumenkohlblätter, Basilikum und Petersilie zufügen und verarbeiten, um die Blätter zu zerhacken. Während die Küchenmaschine läuft, das Öl durch das Loch im Deckel in das Pesto tropfen lassen, um alle Zutaten zu binden. Ist die Masse zu dickflüssig, etwas Wasser dazugeben. In ein Gefäß geben, abdecken und im Kühlschrank bis zu 1 Woche oder im Tiefkühlfach bis zu 3 Monate aufbewahren.

Pesto aus Blumenkohlblättern

Pesto auf Pflanzenbasis

Pesto auf Pflanzenbasis

ERGIBT ETWA 240 ML

GLUTENFREI

GETREIDEFREI

PALEO

LCHF

VEGAN

VEGETARISCH

O. MILCHPROD.

Wie im Pesto aus Blumenkohlblättern (Seite 48) sorgen auch in dieser pflanzenbasierten Version einige Blumenkohlblätter für eine unerwartete Kreuzblütlernote. Achtung: Eine kleine Menge an Blättern ist ausreichend! Nur das Grüne der Blätter, nicht der weiße knackige Teil wird verwendet. Hat man keine Blumenkohlblätter zur Hand, einfach mehr Basilikum oder andere Kräuter nehmen. Auch mit Nüssen und Körnern kann experimentiert werden, zum Beispiel mit Pinien-, Sonnenblumen- oder Macadamianusskernen.

3 Knoblauchzehen, abgezogen

25 g Walnusskerne, halbiert

35 g geschälte Kürbiskerne

¾ TL Meersalz (oder mehr nach Geschmack)

¼ TL frisch gemahlener schwarzer Pfeffer (oder mehr nach Geschmack)

1 TL Abrieb von 1 unbehandelten Zitrone

1 EL frisch gepresster Zitronensaft (oder mehr nach Geschmack)

10 g Blumenkohlblätter (nur die grünen Teile)

60 g frisches Basilikum (Blätter und weiche Stängel)

10 g frisch gehackter Koriander (Blätter und weiche Stängel)

90–120 ml natives Olivenöl extra

Die Knoblauchzehen durch das Loch im Deckel in eine laufende Küchenmaschine fallen lassen, um sie zu zerhacken. Walnusskerne, Kürbiskerne, Salz und Pfeffer dazugeben und verarbeiten, bis alles grob gemahlen ist. Zitronenabrieb, Zitronensaft, Blumenkohlblätter, Basilikum und Koriander zufügen und verarbeiten, um die Blätter zu zerhacken. Während die Küchenmaschine läuft, das Öl durch das Loch im Deckel in das Pesto tropfen lassen, um alle Zutaten zu binden. Ist die Masse zu dickflüssig, etwas Wasser dazugeben. In ein Gefäß geben, abdecken und im Kühlschrank bis zu 1 Woche oder im Tiefkühlfach bis zu 3 Monate aufbewahren.

Creme aus geröstetem Knoblauch

ERGIBT ETWA 120 ML

Knoblauch ist ein mächtiges Antioxidans: Er reduziert Entzündungen, stärkt das Immunsystem und kann sogar vor Krebs schützen. Durch das Rösten werden die Nährstoffe konzentriert und jeder Esslöffel dieser Creme enthält die unglaubliche Menge von einer halben Knolle Knoblauch. Gute Nachrichten, oder? Denn mehr Knoblauch macht alles besser! Für ein extra Geschmackserlebnis auf den Blumenkohl-Pizzafladen verteilen, als das beste Low-Carb-Knoblauch-Röstbrot (Seite 31) aller Zeiten genießen oder mit jedem Bissen der knoblauchigen Detox-Pizza (Seite 168) den Körper genussvoll reinigen. Zögern Sie nicht, mit verschiedenen Kräutern zu experimentieren oder gleich die doppelte Menge auf Vorrat zuzubereiten!

4 Knoblauchknollen

5 TL natives Olivenöl extra

½ TL frisch gehackter Rosmarin

½ TL frisch gehackter Thymian

1 große Prise Meersalz

1 Prise frisch gemahlener schwarzer Pfeffer

Den Backofen auf 190 °C Umluft vorheizen.

Die äußeren, papierähnlichen Schichten der Knoblauchknollen abziehen und etwa 12 mm von der oberen Seite der Knolle abschneiden, dabei die Zehen nicht anschneiden. Den Knoblauch mit der Schnittstelle nach oben auf ein großes Stück Aluminiumfolie legen und jede Schnittstelle mit je 1 TL Olivenöl beträufeln. Den Knoblauch fest in die Aluminiumfolie wickeln und etwa 45 Minuten – oder bis der Knoblauch weich ist und eine leichte Färbung bekommen hat – rösten. Auf Zimmertemperatur abkühlen lassen, dann die Knoblauchzehen vorsichtig am Wurzelende der Knollen herausdrücken. Wenn nicht alle Zehen herauskommen, diese einzeln herausdrücken.

Die Knoblauchzehen in eine Schüssel mittlerer Größe geben. Restliches Öl, Rosmarin, Thymian, Salz und Pfeffer dazugeben und mit dem Rücken einer Gabel zu einer Paste verarbeiten. Die Creme kann im Kühlschrank bis zu 1 Woche oder im Tiefkühlfach bis zu 1 Monat aufbewahrt werden.

GLUTENFREI

GETREIDEFREI

PALEO

LOW CARB

VEGAN

VEGETARISCH

O. MILCHPROD.

Cremige Tahinisauce

ERGIBT ETWA 240 ML

GLUTENFREI

GETREIDEFREI

PALEO

LCHF

VEGAN

VEGETARISCH

O. MILCHPROD.

Tahinisauce, eine Würzsauce auf Sesambasis mit Olivenöl, Knoblauch und Zitrone, kommt aus dem Nahen Osten und schmeckt nicht nur zu Hummus hervorragend, sondern auch auf Avocadotoast (Seite 98), Sandwiches (Seite 94) und natürlich Pizza. Um sie als Salatsauce zu verwenden, einfach mit etwas Wasser verdünnen. Dieses Rezept basiert auf einem, das meine Co-Autorin Leda Scheintaub und ihr Ehemann Nash Patel in ihrem Food-Truck »Dosa Kitchen« in Brattleboro, Vermont, anbieten. Dosas sind luftige, knusprige Crêpes, die – sehr zu meiner Freude – sowohl köstlich als auch glutenfrei sind. Bestellen Sie in der »Dosa Kitchen« die Falafel-Dosas mit Tahinisauce! Sie werden nicht enttäuscht sein!

156 ml Tahini (Sesampaste)

60 ml natives Olivenöl extra

2 TL Abrieb von 1 unbehandelten Limette

60 ml frisch gepresster Limettensaft (oder nach Geschmack)

2 Knoblauchzehen, abgezogen und halbiert

½ TL Meersalz (oder nach Geschmack)

¼ TL frisch gemahlener schwarzer Pfeffer

2 EL frisch gehackte glatte Petersilie

In einem Standmixer 90 ml Wasser mit allen Zutaten bis auf die Petersilie zu einer glatten Masse verarbeiten. Wenn nötig, mehr Wasser zugeben, um die Sauce zu verdünnen. Die Petersilie in den Standmixer geben und kurz pulsierend verarbeiten. Abschmecken und, wenn nötig, mit mehr Limettensaft und/oder Salz verfeinern. Die Sauce kann abgedeckt bis zu 1 Woche im Kühlschrank aufbewahrt werden.

Creme aus geröstetem Knoblauch

Cremige Tahinisauce

Weißer Bohnenaufstrich

Weißer Bohnenaufstrich

ERGIBT ETWA 360 ML

GLUTENFREI

GETREIDEFREI

LOW CARB

VEGAN

VEGETARISCH

O. MILCHPROD.

Ein anständiger Bohnen-aufstrich ist keine Hexerei: einfach eine Dose Bohnen öffnen und pürieren. Nimmt man sich aber die Zeit, die Bohnen mit Knoblauch, Zwiebeln und Kräutern einige Minuten zu kochen, wird man mit einem vollmundigen Aufstrich belohnt, der Pizzafladen und Sand-wiches eine cremige Note verleiht. Mit Olivenöl beträufelt, einem Spritzer Zitronensaft sowie Salz und Pfeffer wird der Auf-strich zu einem leckeren Dip für Blumenkohlchips (Seite 34). Auch die Kräu-ter laden zum Experimen-tieren ein – von Majoran über Oregano bis zu Pe-tersilie. Wenn der Dip ein wenig steht, ändert sich der Geschmack, also kurz vor dem Servieren noch einmal abschmecken.

60 ml natives Olivenöl extra

½ kleine weiße Zwiebel, abgezogen und fein gehackt

2 Knoblauchzehen, abgezogen und sehr fein gehackt

2 TL Rotweinessig (oder nach Geschmack)

1 ½ TL frisch gehackte Kräuter (z. B. Thymian oder Rosmarin)

400 g weiße Cannellini-Bohnen (aus der Dose), abgeseiht und abgebraust

½ TL Meersalz (oder nach Geschmack)

¼ TL frisch gemahlener schwarzer Pfeffer (oder nach Geschmack)

In einem Topf mittlerer Größe 1 EL Öl bei mittlerer Tempe-ratur erhitzen. Die Zwiebeln darin etwa 5 Minuten – oder bis sie weich sind – anschwit-zen. Den Knoblauch hinzuge-ben und etwa 1 Minute – oder bis er zu duften beginnt – mit anschwitzen. 1 TL Rotwein-essig 10 Sekunden einrühren. Kräuter, Bohnen und 120 ml Wasser in den Topf geben und etwa 5 Minuten – oder bis das gesamte Wasser aufgesogen ist – kochen. Alles in einen Standmixer oder eine Küchen-maschine geben, restliches Öl, restlichen Rotweinessig, 2 EL Wasser, Salz und Pfeffer dazu-geben und alles glatt pürieren. Ist der Aufstrich zu dickflüssig, mehr Wasser dazugeben. Ab-schmecken und, wenn nötig, mit noch etwas Salz, Pfeffer und/oder Rotweinessig verfei-nern. Sofort servieren oder ab-kühlen lassen. Kann abgedeckt bis zu 3 Tage im Kühlschrank aufbewahrt werden.

VARIATION

Schwarzer Bohnenaufstrich: *Schwarze statt weiße Bohnen verwenden.*

Parmesan auf Pflanzenbasis

ERGIBT ETWA 145 G

Das beste Menge-Nährstoff-Verhältnis haben Macadamianusskerne, die diesen Käse mit ihrem hohen Fettgehalt ideal für eine Low-Carb- beziehungsweise High-Fat-Ernährung machen. Der Parmesan ist ein wahrer Genuss für alle, die gute pflanzliche Fette in ihrer Ernährung schätzen. Egal, ob Paleo, Low Carb, vegan oder vegetarisch: Diesen Käse will man immer im Kühlschank haben! Sollten beim Pürieren größere Nussstücke übrig bleiben, empfiehlt sich, diese herauszusuchen und einfach zu schnabulieren. Die Nüsse nicht zu lange verarbeiten, denn es besteht das Risiko, den Macadamiakäse in Macadamiabutter zu verwandeln (die man natürlich für ein leckeres Sandwich auf einen Blumenkohlfladen streichen kann).

135 g rohe Macadamianusskerne

2 EL Nährhefe (Hefeflocken)

¾ TL Meersalz

In einer Küchenmaschine alle Zutaten pulsierend verarbeiten, bis die Nüsse zerhackt sind und die Konsistenz von geriebenem Parmesan haben. Abgedeckt kann der Käse bis zu 1 Monat im Kühlschrank aufbewahrt werden.

GLUTENFREI

GETREIDEFREI

PALEO

LCHF

VEGAN

VEGETARISCH

O. MILCHPROD.

Parmesan auf Pflanzenbasis

Cashew-Frischkäse

Mandelricotta

VARIATION: MANDELRICOTTA

Kräuterricotta: _2 EL frisch gehackte Kräuter wie Rosmarin, Thymian, Oregano oder Majoran beziehungsweise eine Kräutermischung unterrühren, nachdem der Käse fermentiert ist._

VARIATIONEN: CASHEW-FRISCHKÄSE

Cashew-Frischkäse mit Kräutern: _2 EL frisch gehackte Kräuter wie Rosmarin, Thymian, Oregano oder Majoran beziehungsweise eine Kräutermischung unterrühren, nachdem der Käse fermentiert ist._

Cashew-Frischkäse mit Zimt: _½ TL gemahlenen Zimt unterrühren, nachdem der Käse fermentiert ist._

Mandelricotta

ERGIBT ETWA 750 G

GLUTENFREI

GETREIDEFREI

PALEO

LCHF

VEGAN *

VEGETARISCH

O. MILCHPROD.

* wenn veganes probiotisches Pulver verwendet wird

Der Traumkäse aller, die sich rein pflanzlich ernähren: Er ist leicht zuzubereiten und bei der Fermentierung wird er mit Probiotika versetzt, gutartigen Bakterien, die für einen gesunden Darm sorgen. Probiotika helfen, Nährstoffe aufzunehmen und Infektionen zu bekämpfen. Sie können sogar die Laune verbessern und beim Kampf gegen Depressionen helfen. Die Dauer der Fermentation hängt maßgeblich von der Temperatur und der Luftzirkulation in der Küche ab, deshalb sollte der Käse nach den ersten 6 Stunden und dann in regelmäßigen Abständen probiert werden, bis er den gewünschten würzigen Geschmack erreicht hat. Bei zu hohen Temperaturen werden die Vorteile der Probiotika zerstört, weshalb Pizzen und andere Gerichte erst kurz vor dem Servieren mit dem Ricotta verfeinert werden sollten.

Probiotisches Pulver ist online oder in gut sortierten Abteilungen für Nahrungsergänzungsmittel erhältlich. Alternativ kann auch der Inhalt probiotischer Kapseln verwendet werden. Man sollte darauf achten, dass die Probiotika frei von Milchprodukten sind, damit der Ricotta auch wirklich rein pflanzlich ist.

285 g Mandelkerne

1 TL probiotisches Pulver

¼ TL Meersalz

Die Mandelkerne in eine Schüssel mittlerer Größe geben und mit Wasser bedecken. Ein Geschirrtuch über die Schüssel legen und die Kerne 6–12 Stunden einweichen. Danach durch ein Sieb abseihen.

In einem mittelgroßen Topf Wasser aufkochen. Die Mandelkerne 10 Sekunden hineingeben, dann abseihen. Kurz abkühlen lassen und die Haut der Mandeln abziehen, indem man sie zwischen Daumen und Zeigefinger herausdrückt.

Mandeln, probiotisches Pulver, 240 ml Wasser und Salz in einem Standmixer (vorzugsweise mit hoher Geschwindigkeitseinstellung) glatt pürieren. Die Masse sollte noch ein wenig Textur haben, aber es dürfen keine größeren Mandelstücke enthalten sein.

Ein Gittersieb über eine Schüssel geben und mit einem Seihtuch, das groß genug ist, die Mandelmischung abzudecken, auslegen (alternativ kann ein Nussmilchbeutel verwendet werden). Die Mandelmischung in dem Seihtuch sammeln und das Seihtuch darüberschlagen. Die Mischung soll vollständig abgedeckt sein. Einen kleinen Teller darüberlegen. Den Teller beschweren, zum Beispiel mit einer Dose, und 6–12 Stunden – abhängig davon, wie warm es in der Küche ist und wie würzig der Ricotta sein soll – abseihen lassen. Den Käse in ein Gefäß mit Deckel füllen und bis zu 2 Wochen im Kühlschrank aufbewahren.

Cashew-Frischkäse

ERGIBT ETWA 225 G

Wie der Mandelricotta (Seite 58) wird auch dieser rein pflanzliche Käse mithilfe von probiotischem Pulver fermentiert, wodurch er fantastisch würzig wird. Nach 2 Tagen das erste Mal und dann in regelmäßigen Abständen probieren, bis er den gewünschten würzigen Geschmack erreicht hat. Probiotisches Pulver ist online oder in gut sortierten Abteilungen für Nahrungsergänzungsmittel erhältlich. Alternativ kann auch der Inhalt probiotischer Kapseln verwendet werden. Man sollte darauf achten, dass die Probiotika frei von Milchprodukten sind, damit der Cashew-Frischkäse auch wirklich rein pflanzlich ist.

195 g Cashewkerne
1 TL probiotisches Pulver
½ TL Meersalz

Die Cashewkerne in eine Schüssel mittlerer Größe geben und mit heißem Wasser bedecken. Ein Geschirrtuch über die Schüssel legen und 2–12 Stunden einweichen. Dann durch ein Sieb abseihen.

In einem Standmixer oder einer Küchenmaschine Cashewkerne, probiotisches Pulver, 60 ml Wasser und Salz 3–5 Minuten – oder bis es eine sehr glatte Masse ist – pürieren. Regelmäßig pausieren, um die Masse von den Seiten zu schieben. Ist die Masse zu dickflüssig, etwas Wasser dazugeben. In ein Einmachglas oder ein anderes Gefäß füllen und locker abgedeckt 2–3 Tage bei Zimmertemperatur fermentieren lassen. Ein- bis zweimal täglich umrühren, damit sich keine Haut bildet. Der Frischkäse kann abgedeckt bis zu 2 Wochen im Kühlschrank aufbewahrt werden

GLUTENFREI

GETREIDEFREI

PALEO

LCHF

VEGAN *

VEGETARISCH

O. MILCHPROD.

* wenn veganes probiotisches Pulver verwendet wird

Frühstück

und

Brunch

In meiner Kindheit gab es zum Frühstück Golden Puffs und Coco Pops, was mir nie wirklich schmeckte. Als Erwachsene trank ich meistens nur einen Kaffee und lief dann bis zum Mittagessen auf Reserve. Aber sobald ich eine nährende Mahlzeit in meine Morgenroutine einbaute, merkte ich, was für einen Unterschied ein gutes Frühstück macht. Als mir schließlich ein Ernährungsberater erklärte, dass Frühstücksflocken für meine Kinder genauso schädlich sind wie ein Zuckerriegel, beschloss ich, ihnen jeden Tag vor der Schule ein warmes Frühstück zuzubereiten. Ein typisch amerikanisches Frühstück ist voller Weizen, aber mit ein wenig Kreativität, die auf Blumenkohl setzt, kann man glutenfreie Alternativen für Bagels (Seite 62) und Arme Ritter (Seite 76) zaubern. Selbst auf Milchreis muss man nicht verzichten (Seite 68)!

Alles-Bagel

ERGIBT 12 BAGELS

GLUTENFREI

GETREIDEFREI

PALEO

LOW CARB

VEGETARISCH

O. MILCHPROD.

Bagels gab es in meiner Kindheit im kleinstädtischen Amerika nicht und so lernte ich dieses leckere Gebäck erst auf dem College kennen. Um mir mein Studium zu finanzieren, arbeitete ich in einem Frühstückslokal, das für seine Bagels bekannt ist – und es war Liebe auf den ersten Biss. Nach meiner Lupus-Diagnose stellte ich fest, dass Bagels enorme Entzündungen in mir hervorriefen, sogar mehr als Brot. Deshalb trennten sich unsere Wege, bis Blumenkohl, mein Ritter in schillernder Rüstung, die Bagel-Liebe zurück in mein Leben brachte. Diese kleinen Bagels schmecken zwar nicht genauso wie glutenhaltige, aber sie sind eine nette Alternative, die keine Entzündungen hervorruft und luftig genug ist, um mehr als einen zu essen. Am besten schmecken sie getoastet mit Butter oder Frischkäse. Ohne das Loch in der Mitte können Sie mit diesem Rezept leckere Brötchen zaubern. Die Alles-Gewürzmischung schmeckt auch köstlich auf Avocadotoast (Seite 98) oder Pizza.

ALLES-GEWÜRZMISCHUNG

1 TL Mohnsamen

1 TL geröstete Sesamsamen

2 TL Knoblauchflocken

2 TL Zwiebelflocken

1 TL Meersalzflocken

BAGELS

715 g Blumenkohlreis (Seite 36)

2 Eier (Größe L), verquirlt

30 g Mandelmehl

35 g Tapiokastärke

½ TL Knoblauchpulver

½ TL Zwiebelpulver

1 ½ TL Meersalz

FÜR DIE ALLES-GEWÜRZMISCHUNG: Alle Zutaten in einer kleinen Schüssel verrühren.

FÜR DIE BAGELS: Den Backofen auf 205 °C Umluft vorheizen und ein Backblech mit Backpapier auslegen.

Den Blumenkohlreis in eine große Schüssel geben und die Eier einrühren. In einer kleinen Schüssel Mandelmehl, Tapiokastärke, Knoblauchpulver, Zwiebelpulver und Salz verrühren. Die Mandelmehlmischung zur Blumenkohlmischung geben und alles gründlich vermengen.

70 g Teig mit den Händen zu einer kleinen Kuppel formen. Vorsichtig drücken, um überschüssige Feuchtigkeit herauszudrücken, dann die Teigkuppel auf das vorbereitete Backblech legen und leicht flach drücken. Mit den Fingern mögliche Risse glätten. In die Mitte jedes Bagels ein Loch drücken. Diesen Arbeitsschritt mit dem restlichen Teig wiederholen.

Knapp ½ TL Alles-Gewürzmischung auf jedem Bagel verteilen und mit den Fingern leicht hineinpressen. Dann die Bagels etwa 30 Minuten – oder bis sie fest und auf der Unterseite gebräunt sind – backen. Aus dem Ofen nehmen und auf dem Backblech vollständig auskühlen lassen. Abgedeckt können die Bagels im Kühlschrank bis zu 5 Tage oder im Tiefkühlfach bis zu 1 Monat aufbewahrt werden.

VARIATIONEN

Ei-Bagel: *1 TL gemahlene Kurkuma mit zwei Eigelben verquirlen und mit dem Teig vermengen. Vor dem Backen mit der Alles-Gewürzmischung würzen.*

Bagels mit Zimt und Rosinen: *Den Teig ohne Knoblauch- und Zwiebelpulver zubereiten. Stattdessen 2 TL gemahlenen Zimt, 35 g Korinthen oder kleine Rosinen und ¼ TL gemahlene Orangenschale in den Teig einarbeiten. Die Alles-Gewürzmischung weglassen und vor dem Backen etwas Zimt auf allen Bagels verteilen.*

Bagels mit getrockneten Tomaten: *Den Teig mit 35 g fein gehackten getrockneten Tomaten in Öl, 1 EL Paprikapulver und 1 ½ TL getrocknetem Basilikum würzen. Für etwas Schärfe eine große Prise Cayennepfeffer dazugeben. Vor dem Backen die Alles-Gewürzmischung auf den Bagels verteilen.*

Heidelbeerpfannkuchen

FÜR 4 PERSONEN (ERGIBT 8 PFANNKUCHEN)

GLUTENFREI

GETREIDEFREI

PALEO

LOW CARB

VEGAN

VEGETARISCH

O. MILCHPROD.

US-amerikanische Pfannkuchen zum Frühstück sind so, als würde man mit einer Nachspeise in den Tag starten. Dieses Rezept mit Blumenkohlreis ist zwar genauso lecker, aber verpasst Ihren Kinder keinen Zuckerschock. Der Blumenkohlreis verleiht den Pfannkuchen eine etwas grobere Textur, die an steingemahlenen Grieß erinnert. Diese Pfannkuchen lassen sich perfekt mit Obst kombinieren. Möglichst wilde Heidelbeeren verwenden, denn die sind schön klein und reich an Antioxidantien. Für eine Low-Carb-High-Fat-Ernährung mit viel Ghee oder Butter und einer Prise Kokoszucker genießen.

130 g Blumenkohlreis (Seite 36)

60 g Mandelmehl

35 g Tapiokastärke

½ TL Backpulver

¼ TL Meersalz

3 Eier (Größe L)

1 EL geschmolzenes Kokosöl plus 4 TL zum Anbraten

3 EL ungesüßte Kokosmilch (aus der Dose)

1 EL Ahornsirup (optional)

½ TL reines Vanilleextrakt

80 g frische oder TK-Heidelbeeren

Abrieb von 1 unbehandelten Zitrone

Zum Servieren (optional): weiche Kokosbutter, frische Obstscheiben, Ahornsirup oder Kokoszucker, Beeren-Chia-Konfitüre (Seite 82), Mandelricotta (Seite 58), geröstete Kokosblättchen

Den Blumenkohlreis in eine Schüssel mittlerer Größe geben. In einer zweiten Schüssel Mandelmehl, Tapiokastärke, Backpulver und Salz vermischen. Die trockenen Zutaten zum Blumenkohlreis geben und alles gründlich vermengen. In einer weiteren Schüssel mittlerer Größe Eier, Kokosöl, Kokosmilch, Ahornsirup (optional) und Vanilleextrakt verrühren. Die Eimischung zur Blumenkohlmischung geben und alles zu einem homogenen Teig verrühren. Heidelbeeren und Zitronenabrieb einrühren.

Eine große Pfanne bei mittlerer Temperatur erhitzen. 1 TL Kokosöl darin schmelzen lassen. Zwei Pfannkuchen gleichzeitig braten, dafür pro Stück 60 ml Teig in die Pfanne geben und etwas verteilen, sodass jeder Pfannkuchen etwa 6 mm dick ist und einen Durchmesser von etwa 10 cm hat. 1 ½ Minuten – oder bis sich am Rand der Pfannkuchen Blasen bilden und sie anfangen, fest zu werden – braten. Dann mit einem Pfannenwender aus Metall wenden und auf der zweiten Seite etwa 1 Minute – oder bis sie durch und luftig sind – weiterbraten. Mit dem restlichen Öl und dem restlichen Teig wiederholen, um acht Pfannkuchen zu braten. Mit dem Belag nach Wahl servieren.

VARIATION

Pfannkuchen mit Beeren und Zimt: *Den Teig nicht mit Heidelbeeren und Zitronenabrieb, sondern mit Himbeeren oder Brombeeren und ½ TL gemahlenem Zimt verfeinern. Vor dem Servieren mit Zimt bestäuben.*

Waffeln

ERGIBT 6 WAFFELN

Meine Kinder lieben Waffeln. Also haben Doug Smith von unserem Forschungs- und Entwicklungsteam und ich monatelang experimentiert, um ein Rezept zu entwickeln, das ihnen schmeckt. Blumenkohlmehl, Eier und Käse machen diese Waffeln zu einer authentischen Kopie von solchen aus Weizenmehl. Mit nur ein paar kleinen Tricks gelingen Ihnen perfekte Waffeln: Das Waffeleisen muss gründlich eingefettet sein, sonst bleiben die Waffeln kleben und sie müssen doppelt oder dreimal so lange gebacken werden wie normale Waffeln. Für eine Low-Carb-High-Fat-Ernährung mit viel Ghee oder Butter und einer Prise Kokoszucker genießen. Achtung: Die kleine Menge Stevia in diesem Rezept ist nicht dazu da, die Waffeln zu süßen, sondern um die leichte Blumenkohlnote zu neutralisieren.

140 g Blumenkohlmehl (Seite 20), grob zerbröselt

4 Eier (Größe L)

55 g Mozzarella, gerieben

60 g Mandelmehl

2 EL Frischkäse

2 EL Avocadoöl

5 Tropfen flüssiges Stevia ohne Geschmack

¼ TL Meersalz

2 EL Ghee

Zum Servieren (optional): geschmolzenes Ghee oder Butter, frische Obstscheiben, Ahornsirup, Honig oder Kokoszucker, Beeren-Chia-Konfitüre (Seite 82), Mandelricotta (Seite 58), geröstete Kokosblättchen

Das Waffeleisen vorheizen.

Alle Zutaten bis auf das Ghee und die Beilagen zum Servieren in einem Standmixer etwa 20 Minuten – oder bis sie einen glatten Teig bilden – verarbeiten. Wenn nötig, zwischendurch von den Seiten schieben. Den Teig in eine Schüssel geben.

Die Menge ergibt sechs Waffeln. Das Waffeleisen mit ½ TL Ghee einstreichen und etwa 120 ml Teig in das Waffeleisen füllen. Die Waffeln etwa 7 Minuten – oder bis sie braun sind – backen. Um die Waffeln aus dem Waffeleisen zu lösen, ein Buttermesser oder eine Gabel unter die Ränder führen und dann vorsichtig weiter unter die Waffel schieben. Mit dem Belag nach Wahl servieren.

Milchreis mit Apfel und Zimt

FÜR 2 PERSONEN

GLUTENFREI

GETREIDEFREI

PALEO

VEGAN

VEGETARISCH

O. MILCHPROD.

Als kleines Mädchen verbrachte ich meine Sommer bei meiner Grandma Netta in La Grande, Oregon. Sie wuchs in den Jahren der Wirtschaftskrise auf und wusste das meiste aus jeder Zutat herauszuholen. Das bedeutete auch, dass Reisflocken in ihrer Küche eine wichtige Rolle spielten. Nach meiner Lupus-Diagnose merkte ich, dass Reis meine Entzündungen verstärkt hervorrief – also musste ich bei meinem Frühstück kreativ werden. Meine Reisflockenversion hat nicht nur wenige Kalorien, sondern ist zudem reich an Vitaminen und Mineralien sowie eindeutig entzündungshemmend. Die verschiedenen Geschmacksnoten und die Textur verbergen die wahre Hauptzutat dieses Gerichts, und wenn man am Boden der Schüssel angekommen ist, fühlt man sich energiegeladen.

360 ml ungesüßter Mandeldrink

2 EL ungesüßte Mandelbutter

2 EL Ahornsirup plus etwas zum Servieren (optional)

1 TL gemahlener Zimt

½ TL gemahlener Kardamom

⅛ TL Meersalz

260 g Blumenkohlreis (Seite 36)

1 ½ EL Korinthen

1 Apfel, gewaschen und grob geraspelt

⅛ TL Mandelextrakt

1 EL ungesüßte Kokosflocken

2 EL gehackte Walnusskerne

Den Mandeldrink in einen kleinen Topf geben, Mandelbutter und Ahornsirup zufügen und alles erhitzen. Zimt, Kardamom und Salz dazugeben und gründlich einrühren. Blumenkohlreis und Korinthen in den Topf geben, die Temperatur auf mittlere Stufe reduzieren und die Mischung zum Köcheln bringen. Die Temperatur weiter reduzieren und den Milchreis unter häufigem Rühren köcheln lassen, bis der Blumenkohl weich, aber noch nicht matschig ist. Apfelraspel und Mandelextrakt dazugeben und etwa 1 Minute – oder bis der Apfel etwas weicher geworden ist – weiterköcheln. Die Kokosflocken einrühren und alles auf zwei Schüsseln verteilen. Mit Walnüssen und Ahornsirup (optional) verfeinern und servieren.

Ei im Nest

FÜR 2 PERSONEN

GLUTENFREI

GETREIDEFREI

LCHF

Zwei meiner Lieblingslebensmittel – Ei und Brot – sind in dieser Variante des spielerischen Gerichts vereint, das in Amerika auch »toad in the hole«, also »Kröte im Loch«, oder schlicht und einfach »Ei in Brot« genannt wird. Mit einer Handvoll Spinat und Käse sowie Salsa (Seiten 45–46) oder Pesto (Seiten 48–50) verfeinern. Den Fladen im Auge behalten und nie heißer als bei mittlerer Temperatur anbraten: Der Fladen soll braun und gleichzeitig soll das Ei fest werden. Bei gefrorenen Fladen empfiehlt es sich, die Löcher im halb gefrorenen Zustand auszustechen, damit sie nicht einreißen. Die ausgestochenen Fladenreste für Crostini (Seite 96) oder Blumenkohlbrösel (Seite 35) aufbewahren.

1 Blumenkohl-Pizzafladen (Seite 26)

1 TL Ghee oder Butter

2 Eier (Größe L)

Meersalz

frisch gemahlener schwarzer Pfeffer

30 g Cheddar (oder ein anderer gut schmelzender Käse), gerieben

2 Streifen Speck, gebraten und zerkleinert (optional)

Sriracha-Sauce (oder eine andere Chilisauce; optional)

Mit einem Pizzaschneider den Fladen halbieren, dann mit einem Keksausstecher (Ø 7,5 cm) oder einem Trinkglas ein Loch aus der Mitte der beiden Fladenhälften stechen.

Das Ghee in einer Pfanne (Ø 30,5 cm) mit Deckel bei mittlerer Temperatur schmelzen. (Die »Nester« können auch nacheinander in einer kleineren Pfanne angebraten werden.) Die Fladenhälften mit einem Metallspatel vorsichtig in die Pfanne geben und dann je ein Ei direkt in das Loch der Fladenhälften schlagen. Mit Salz und Pfeffer würzen. Den Käse über die Fladenhälften, aber nicht über das Ei streuen. Die Pfanne abdecken und die Fladen etwa 3 Minuten – oder bis das Eiweiß fest und der Käse geschmolzen ist – anbraten. Mithilfe des Spatels die »gefüllten Nester« auf zwei Tellern anrichten und nach Belieben mit dem Speck und/oder der Chilisauce garnieren.

ALTERNATIV

Für eine vegetarische Version: *Den Speck weglassen.*

Schnittlauch-Cheddar-Muffins

ERGIBT 10 MUFFINS

GLUTENFREI

GETREIDEFREI

LCHF

VEGETARISCH

In den Jahren der Wirtschaftskrise waren Muffins ein ganz besonderer Leckerbissen für meine Grandma Netta. Sie liebte es, zu jedem Anlass Muffins zu backen: Muffins zum Frühstück mit Bratensauce, Muffins zum Mittagessen mit Lyoner und, oh ja, Miracel-Whip-Salatcreme und Muffins zum Abendessen mit selbst gemachter Butter. Grandma Netta machte nie Muffins aus Blumenkohl, aber ich glaube, sie hätte diese hier geliebt!

260 g Blumenkohlreis (Seite 36)

3 Frühlingszwiebeln (weißer und grüner Teil), geputzt, abgebraust und in Röllchen geschnitten

2 EL frisch gehackter Schnittlauch

4 TL fein gehackter Knoblauch

115 g Cheddar, gerieben

25 g Parmesan, gerieben

115 g Mandelmehl

35 g Tapiokastärke

1 TL Backpulver

¾ TL Meersalz

½ TL frisch gemahlener schwarzer Pfeffer

120 ml ungesüßte Kokosmilch (aus der Dose)

3 Eier (Größe L)

Den Backofen auf 175 °C Umluft vorheizen. Ein 10er-Muffinblech mit Papierförmchen auslegen.

In einer großen Schüssel Blumenkohlreis, Frühlingszwiebeln, Schnittlauch, Knoblauch, 85 g Cheddar und Parmesan vermengen.

In einer kleinen Schüssel Mandelmehl, Tapiokastärke, Backpulver, Salz und Pfeffer verrühren. Die Mandelmehlmischung zur Blumenkohlmischung geben und alles gründlich vermengen. Die Kokosmilch in einen Becher gießen, die Eier dazuschlagen und gründlich miteinander verquirlen. Die Kokosmilchmischung zur Blumenkohlmischung geben und einrühren. Gründlich den Boden der Schüssel abschaben und alle Zutaten zu einem homogenen Teig verarbeiten.

Den Teig bis knapp unter den oberen Rand in die Muffinförmchen füllen. Den restlichen Cheddar darüberstreuen. 25 Minuten – oder bis die Muffins fest, aber noch nicht braun sind – backen. 5 Minuten im Muffinblech abkühlen lassen, dann aus dem Blech nehmen und servieren. Die Muffins können in Frischhaltefolie gewickelt bis zu 5 Tage im Kühlschrank oder bis zu 1 Monat im Tiefkühlfach aufbewahrt werden.

Ei-Muffins mit Grünkohl und Tomaten

FÜR 4 PERSONEN

GLUTENFREI

GETREIDEFREI

PALEO

LOW CARB

VEGETARISCH

O. MILCHPROD.

Diese Ei-Muffins sitzen auf einem kleinen Fladen, damit sie wie eine leckere Backware schmecken – ganz ohne unnötiges Gluten und zusätzliche Kohlenhydrate. Der Fladen hebt sich beim Backen unterschiedlich in das Ei, sodass jeder Muffin einzigartig aus dem Backofen kommt. Man kann die Muffins heiß und zimmerwarm genießen oder auf Vorrat backen und im Laufe der Woche aufgewärmt essen. Das Ei nur leicht verquirlen, damit der Muffin nicht zu sehr aufgeht. Bei gefrorenen Fladen empfiehlt es sich, die Löcher im halb gefrorenen Zustand auszustechen, damit die Fladen nicht einreißen. Die Fladenreste für Blumenkohlbrösel (Seite 35) aufbewahren.

1 Blumenkohl-Pizzafladen auf Pflanzenbasis (Seite 28) oder Paleo-Blumenkohl-Pizzafladen (Seite 29)

6 Eier (Größe L)

½ TL Meersalz

¼ TL gemahlene Kurkuma

¼ TL frisch gemahlener schwarzer Pfeffer

8 Kirschtomaten, gewaschen und geviertelt

3 EL fein gehackter Grünkohl (von 1 kleinen Blatt)

½ kleine Frühlingszwiebel (nur der grüne Teil), geputzt, gewaschen und fein geschnitten

Den Backofen auf 190 °C Umluft vorheizen und acht Mulden eines Muffinblechs mit Papierförmchen auslegen. Aus dem Pizzafladen acht Kreise ausstechen, in die Förmchen legen und an den Seiten etwas hochdrücken. Wenn sie einreißen, einfach wieder zusammendrücken.

In einer Schüssel mittlerer Größe die Eier verquirlen, dann Salz, gemahlene Kurkuma und Pfeffer einrühren. Tomaten und Grünkohl auf die Fladen in den Förmchen legen, dann das geschlagene Ei einfüllen und die Frühlingszwiebelringe darüberstreuen. Etwa 15–20 Minuten – oder bis das Ei fest ist – backen. 2 Minuten im Muffinblech abkühlen lassen, dann servieren. Übrig gebliebene Muffins können in einem Gefäß mit Deckel bis zu 4 Tage im Kühlschrank aufbewahrt werden. Im Backofen aufwärmen.

Arme Ritter

FÜR 2 PERSONEN

GLUTENFREI

GETREIDEFREI

PALEO *

LOW CARB

VEGETARISCH

* wenn Ghee ver-
wendet wird

Meine Version eines Sonntagsbrunchs endet nicht im Kohlenhydrat-koma. Diese Armen Ritter passen perfekt in eine Low-Carb-Ernährung. Für eine Low-Carb-High-Fat-Version empfiehlt es sich, großzügig Butter zu verwenden und den Leckerbissen mit einer Prise Kokoszucker zu verfeinern. Bleibt etwas Ei nach dem Eintunken des Brotes übrig, einfach im Kühlschrank für eine zweite Runde Arme Ritter aufbewahren.

2 Eier (Größe L), verquirlt

1 EL ungesüßte Kokosmilch (aus der Dose) oder Schlagsahne

¼ TL reiner Vanilleextrakt

¼ TL gemahlener Zimt

1 Prise Meersalz

4 Scheiben neues Weißbrot (Seite 30), stark geröstet

1 EL Ghee, Butter oder Kokosbutter

Zum Servieren (optional): geschmolzenes Ghee oder Butter, frische Obstscheiben, Ahornsirup, Honig oder Kokoszucker, Beeren-Chia-Konfitüre (Seite 82), Mandelricotta (Seite 58), geröstete Kokosblättchen

Die Eier in einer kleinen Schüssel verquirlen, dann Kokosmilch, Vanilleextrakt, Zimt und Salz einrühren. Die Eimischung in einen Suppen-teller oder ein flaches Gefäß gießen. Die Brotscheiben in die Eimischung tunken und etwa 20 Sekunden auf beiden Seiten einweichen. Dann auf einem Gitter, das über einem Teller steht, 1–2 Minuten abtropfen lassen.

Das Ghee in einer großen Pfanne bei mittlerer Tempera-tur schmelzen. Das Brot in die Pfanne geben und 2–3 Minu-ten auf beiden Seiten – oder bis es goldbraun ist – anbraten. Auf Tellern anrichten und so-fort mit dem Belag nach Wahl servieren.

ALTERNATIV

Für eine Version ohne Milch-produkte: *Das Brot ohne Ghee backen und Kokosöl zum An-braten verwenden.*

VARIATION

Arme Ritter mit Mandeln: *Mandel-extrakt statt Vanilleextrakt verwenden und Mandelkerne in beide Seiten der Brotscheiben drücken, nachdem sie in die Eimischung getunkt wurden.*

Huevos-rancheros-Frühstückspizza

FÜR 4 PERSONEN

GLUTENFREI

GETREIDEFREI

LOW CARB

VEGETARISCH

»Huevos rancheros« heißt übersetzt »Eier nach Bauernart« und ist ein mexikanisches Frühstücksgericht. Bei meiner köstlichen Variation werden keine Tortillas frittiert, sondern einfach Blumenkohl-Pizzafladen gebacken und mit Salsa, cremiger Avocado und Cotija-Käse, der am Gaumen zergeht, verfeinert. Cotija ist ein milder, salziger, fester Käse ähnlich dem griechischen Feta. Alternativ kann also auch Feta verwendet werden. Wenn die Eier beim Braten aneinanderwachsen, mit einer Küchenschere trennen und am Rand des Fladens anrichten. Für den Extrakick einen Fladen mit scharfer Jalapeño-Würzung verwenden (Seite 26).

1 Blumenkohl-Pizzafladen (Seite 26)

180 ml grüne Salsa (Seite 46)

1 EL Ghee oder natives Olivenöl extra

4 Eier (Größe M)

Meersalz

2 EL zerbröselter Cotija- oder Feta-Käse

½ Avocado, in dünne Scheiben geschnitten

½ kleine Jalapeño-Chilischote (je nach Geschmack), entkernt und in dünne Ringe geschnitten

1 EL zerrupfte frische Korianderblätter

½ Limette, in vier Spalten geschnitten

Den Backofen auf 220 °C Ober-/Unterhitze vorheizen. Ein Backblech mit Backpapier auslegen oder ein Pizzablech bereitstellen und den Fladen darauflegen.

120 ml Salsa auf dem Fladen verteilen. Dann den Fladen 8–10 Minuten – oder bis alles heiß ist – backen.

In der Zwischenzeit das Ghee in einer großen Pfanne bei mittlerer bis hoher Temperatur schmelzen. Die Eier in die Pfanne schlagen und mit Salz würzen. 5 Minuten – oder bis das Eiweiß fest ist und das Eigelb die gewünschte Konsistenz hat – anbraten. Die Eier auf dem Fladen anrichten. Die restliche Salsa über der Pizza, aber nicht auf dem Eigelb verteilen und den Käse darüberstreuen. Avocadoscheiben, Chiliringe und Koriander auf der Pizza anrichten. Den Pizzafladen vierteln und mit den Limettenspalten zum Ausdrücken servieren.

ALTERNATIV

Für eine Paleo-Version: *Einen Paleo-Blumenkohl-Pizzafladen (Seite 29) verwenden und statt mit Cotija-Käse mit Mandelricotta (Seite 58) verfeinern.*

VARIATION

Huevos divorciados: *Auf einer Hälfte des Fladens grüne Salsa (Seite 46) und auf der anderen Hälfte rote Salsa (Seite 45) verwenden.*

Sandwiches
und
Toasts

—

Mein Schwiegervater Jim nahm seine Sandwiches sehr ernst. Als mein Ehemann und ich in New Orleans heirateten, servierten wir ihm zu Ehren Muffuletta-Sandwiches als Vorspeise. Jim wird für immer in unserer Erinnerung weiterleben. Er war Kapitän in der US-Navy und liebte sein Land, seine Familie, aber auch gute Sandwiches von ganzem Herzen. Er ging plötzlich, noch bevor wir Cali'flour Foods gegründet hatten, von uns. Ich bin allerdings davon überzeugt, dass er die Verwendung von Blumenkohl-Pizzafladen als Sandwichbrot gutgeheißen hätte. In diesem Kapitel gibt es unter anderem Rezepte für ein Sandwich mit Frischkäse und Konfitüre frei von Milchprodukten, verschiedene Käsesandwiches, Crostini und zehn Variationen von Avocadotoasts.

Sandwiches mit Cashew-Frischkäse und Konfitüre

FÜR 2 PERSONEN (ERGIBT 2 SANDWICHES)

GLUTENFREI

GETREIDEFREI

PALEO

VEGAN

VEGETARISCH

O. MILCHPROD.

Würziger Cashew-Frischkäse und Konfitüre mit Biss aus Chiasamen erheben ein klassisches Sandwich zu neuen Höhen. Für eine Generation von Kindern und Eltern, die sich rein pflanzlich ernähren.

1 Blumenkohl-Pizzafladen auf Pflanzenbasis (Seite 28)

55 g zimmerwarmer Cashew-Frischkäse (Seite 59)

2 EL Beeren-Chia-Konfitüre (siehe unten)

natives Olivenöl extra oder Kokosöl zum Sprühen

Eine große Pfanne aus Gusseisen bei mittlerer bis hoher Temperatur erhitzen.

Mit einem Pizzaschneider oder einer Küchenschere den Fladen in vier Dreiecke schneiden.

Den Frischkäse und dann die Konfitüre auf zwei der Dreiecke streichen. Mit den restlichen Dreiecken abdecken.

Die Pfanne großzügig mit dem Öl einsprühen. Mit einem Metallspatel die Sandwiches in die Pfanne geben und etwa 2 Minuten – oder bis die Unterseite braun ist – anbraten. Wenden und 2 Minuten – oder bis die zweite Seite auch gebräunt ist – weiterbraten. Auf zwei Tellern anrichten und servieren.

Beeren-Chia-Konfitüre

ERGIBT ETWA 180 ML

Die kleinen Chiasamen sind voll von Omega-3-Fettsäuren, die besonders gesund für unser Herz sind, und enthalten viele Ballaststoffe. Zudem sind sie reich an Protein. Da diese kleinen Wundersamen sehr viel Flüssigkeit aufnehmen, dicken sie Konfitüren ganz ohne Zutun ein. Ist die Konfitüre nicht dickflüssig genug, in Portionen von ½ TL mehr Chiasamen einrühren. Sollte sie allerdings zu dickflüssig sein, einfach etwas Wasser dazugeben. Beeren aller Art oder eine Mischung saisonaler Früchte eignen sich für diese Konfitüre.

225 g frische Beeren (z. B. Himbeeren, Heidelbeeren, Erdbeeren; alternativ aufgetaute TK-Beeren)

1–2 EL Ahornsirup (nach Geschmack)

½ TL reiner Vanilleextrakt

¼ TL Abrieb von 1 unbehandelten Zitrone (optional)

1 TL frisch gepresster Zitronensaft (optional)

1 ½ EL Chiasamen

Beeren und Ahornsirup in einer kleinen Pfanne bei mittlerer Temperatur unter häufigem Rühren 5–7 Minuten – oder bis die Beeren zu zerfallen beginnen und sirupartig werden – einkochen. Die Pfanne vom Herd nehmen und die Beeren mit der Rückseite eines Holzkochlöffels oder einem Kartoffelstampfer zerdrücken, bis sie die gewünschte Konsistenz haben. Vanilleextrakt, Zitronenabrieb (optional) und Zitronensaft (optional) dazugeben. Die Chiasamen einrühren. Die Konfitüre 10 Minuten ruhen lassen, damit die Chiasamen quellen und die Masse eindicken. Die Konfitüre in ein Glas füllen und vollständig abkühlen lassen. Die Konfitüre kann bis zu 2 Wochen im Kühlschrank aufbewahrt werden.

VARIATION

Ein neuer US-ameri-
kanischer Klassiker –
Mandelbutter und
Konfitüre: *Mandelbutter
statt Cashew-Frischkäse
verwenden.*

Sandwiches mit Süßkartoffel und Balsamico

FÜR 2 PERSONEN (ERGIBT 2 SANDWICHES)

GLUTENFREI

GETREIDEFREI

PALEO

VEGAN

VEGETARISCH

O. MILCHPROD.

Süßkartoffeln sind zwar nicht besonders Low Carb, dafür aber das Brot für dieses Sandwich. Was also normalerweise eine Sünde wäre, wird zu einem gesunden Mittagsgenuss ohne schlechtes Gewissen. Das Salz betont die Geschmacksnoten der verschiedenen Zutaten.

1 Blumenkohl-Pizzafladen auf Pflanzenbasis (Seite 28)

3 EL Creme aus geröstetem Knoblauch (Seite 51; optional)

165 g Süßkartoffelpüree

2 TL Balsamicoessig

½ kleine rote Paprikaschote, geröstet und in dünne Streifen geschnitten

Meersalzflocken

frisch gemahlener schwarzer Pfeffer

natives Olivenöl extra oder Kokosöl zum Sprühen

1 Handvoll frischer junger Rucola oder Sprossen

Eine große Pfanne aus Gusseisen bei mittlerer bis hoher Temperatur erhitzen.

Mit einem Pizzaschneider oder einer Küchenschere den Fladen in vier Dreiecke schneiden.

Erst die Knoblauchcreme (optional), dann das Süßkartoffelpüree auf zwei der Dreiecke streichen. Mit dem Balsamicoessig beträufeln, schließlich die geröstete Paprika darauf verteilen. Mit Salz und Pfeffer würzen. Mit den restlichen Dreiecken abdecken.

Die Pfanne großzügig mit dem Öl einsprühen. Mit einem Metallspatel die Sandwiches in die Pfanne geben und etwa 2 Minuten – oder bis die Unterseite braun ist – anbraten. Wenden und weitere 2 Minuten – oder bis die zweite Seite auch gebräunt ist – weiterbraten. Den Rucola abbrausen, trocken schütteln und zwischen die Sandwichhälften schieben. Auf zwei Tellern anrichten und servieren.

VARIATION

Hummus, Balsamicoessig und rote Paprika: *Statt Süßkartoffelpüree den neuen klassischen Hummus (Seite 152) verwenden.*

Sandwiches mit Mandelricotta und Zwiebeln

FÜR 2 PERSONEN (ERGIBT 2 SANDWICHES)

GLUTENFREI

GETREIDEFREI

PALEO

LCHF

VEGAN

VEGETARISCH

O. MILCHPROD.

Die süßen, langsam gekochten Zwiebeln und der würzige Mandelricotta auf diesem noblen veganen Sandwich bilden eine perfekte Symbiose. Nicht alle karamellisierten Zwiebeln werden benötigt, der Rest kann eingefroren werden. Während des Kochens hungrig? Wenn Sie gerade eine französische Zwiebelsuppe (Seite 102) kochen, können Sie ein paar karamellisierte Zwiebeln aus dem Topf holen und dieses Sandwich zaubern.

FÜR DIE KARAMELLISIERTEN ZWIEBELN

1 EL natives Olivenöl extra

2 große gelbe Zwiebeln, abgezogen und dünn aufgeschnitten

2 TL Balsamicoessig

1 TL frisch gehackter Thymian oder Rosmarin

1/8 TL Meersalz

1 Prise frisch gemahlener schwarzer Pfeffer

FÜR DIE SANDWICHES

1 Blumenkohl-Pizzafladen auf Pflanzenbasis (Seite 28)

70 g Mandelricotta (Seite 58)

4 kleine, dünne Tomatenscheiben

Meersalzflocken

frisch gemahlener schwarzer Pfeffer

natives Olivenöl extra oder Kokosöl zum Sprühen

1 Handvoll frischer junger Rucola oder frische Löwenzahnblätter

FÜR DIE KARAMELLI-SIERTEN ZWIEBELN: Das Öl in einer großen Pfanne bei mittlerer bis hoher Temperatur erhitzen. Die Zwiebeln darin unter häufigem Rühren anschwitzen, bis sie beginnen, braun zu werden, und Stückchen am Boden der Pfanne kleben bleiben. 2 EL Wasser in die Pfanne geben und den Boden abkratzen. Unter häufigem Rühren weiterbraten, bis wieder Stückchen am Boden der Pfanne kleben bleiben. Weitere 2 EL Wasser in die Pfanne geben und die Zwiebeln insgesamt 15 Minuten – oder bis sie ganz weich und eine volle dunkelbraune Färbung habe – anbraten.

Wenn nötig, mehr Wasser hinzugeben. Balsamicoessig, Thymian oder Rosmarin, Salz und Pfeffer dazugeben und weitere 3 Minuten anbraten, damit die Zwiebeln den Geschmack aufnehmen. Aus der Pfanne nehmen und abkühlen lassen.

FÜR DIE SANDWICHES: Eine große Pfanne aus Gusseisen bei mittlerer bis hoher Temperatur erhitzen.

Mit einem Pizzaschneider oder einer Küchenschere den Fladen in vier Dreiecke schneiden.

Je 2 EL Mandelricotta auf zwei der Dreiecke streichen. Dann 1 EL karamellisierte Zwiebeln und zwei Tomatenscheiben darauf verteilen. Mit Salz und Pfeffer würzen und mit den restlichen Dreiecken abdecken.

Die Pfanne großzügig mit dem Öl einsprühen. Mit einem Metallspatel die Sandwiches in die Pfanne geben und etwa 2 Minuten – oder bis die Unterseite braun ist – anbraten. Wenden und weitere 2 Minuten – oder bis die zweite Seite auch gebräunt ist – weiterbraten. Den Rucola abbrausen, trocken schütteln und zwischen die Sandwichhälften schieben. Auf zwei Tellern anrichten und servieren.

Sandwiches mit Provolone, Pesto und Tomaten

FÜR 2 PERSONEN (ERGIBT 4 KLEINE SANDWICHES)

GLUTENFREI

GETREIDEFREI

LCHF

VEGETARISCH

Was verheißt ein wohligeres Gefühl als ein Käsesandwich? Ein Käsesandwich mit einem käsigen Fladen! Dieses Rezept ist köstlich so, wie es ist, aber es kann auch als Inspiration und Grundlage für ganz eigene Kreationen mit Ihren persönlichen Lieblingszutaten dienen.

1 Blumenkohl-Pizzafladen (Seite 26)

2 TL Pesto aus Blumenkohlblättern (Seite 48)

4 dünne Scheiben Provolone (etwa 28 g)

8 kleine, dünne Tomatenscheiben

natives Olivenöl extra oder Kokosöl zum Sprühen

Eine mittelgroße Pfanne aus Gusseisen bei mittlerer bis hoher Temperatur erhitzen.

Mit einem Pizzaschneider oder einer Küchenschere den Fladen in acht schmale Dreiecke teilen.

Je 1 TL Pesto auf die Hälfte der Dreiecke streichen. Dann je eine Scheibe Provolone und zwei Tomatenscheiben darauf verteilen. Mit den restlichen Dreiecken abdecken.

Die Pfanne großzügig mit dem Öl einsprühen. Mit einem Metallspatel die Hälfte der Sandwiches in die Pfanne geben und etwa 1 Minute – oder bis die Unterseite braun ist – anbraten. Wenden und 1 Minute – oder bis die zweite Seite auch gebräunt und der Käse geschmolzen ist – weiterbraten. Mit den restlichen Sandwiches genauso verfahren. Auf zwei Tellern anrichten und servieren.

BLT

FÜR 2 PERSONEN (ERGIBT 2 SANDWICHES)

GLUTENFREI

GETREIDEFREI

PALEO

LCHF

O. MILCHPROD.

Genauso verführerisch wie das Original! BLT steht für *bacon*, *lettuce* und *tomato*. Für noch weniger Kohlenhydrate den Blumenkohl-Pizzafladen (Seite 26) verwenden, auf das Fett verzichten und das Sandwich auf beiden Seiten nur 1 Minute anbraten.

1 Paleo-Blumenkohl-Pizzafladen (Seite 29)

4 TL Mayonnaise

4 dünne Tomatenscheiben

4 Streifen Speck, angebraten

Meersalzflocken

frisch gemahlener schwarzer Pfeffer

natives Olivenöl extra oder Kokosöl zum Sprühen

4 kleine frische Salatblätter

Eine große Pfanne aus Gusseisen bei mittlerer bis hoher Temperatur erhitzen.

Die Mayonnaise auf den Fladen streichen. Mit einem Pizzaschneider oder einer Küchenschere den Fladen in vier Dreiecke schneiden. Zwei der Dreiecke mit je zwei Tomatenscheiben und zwei Speckstreifen belegen. Mit Salz und Pfeffer würzen und mit den restlichen Dreiecken abdecken.

Die Pfanne großzügig mit dem Öl einsprühen. Mit einem Metallspatel die Sandwiches in die Pfanne geben und etwa 2 Minuten – oder bis die Unterseite braun ist – anbraten. Wenden und 2 Minuten – oder bis die zweite Seite auch gebräunt ist – weiterbraten. Die Salatblätter abbrausen, trocken schütteln und zwischen die Sandwichhälften schieben. Auf zwei Tellern anrichten und servieren.

Sandwiches mit Prosciutto und Monterey-Jack-Käse

FÜR 2 PERSONEN (ERGIBT 2 SANDWICHES)

GLUTENFREI

GETREIDEFREI

LOW CARB

Das perfekt gegrillte Käsesandwich ist außen knusprig braun und innen voll weichem Käse. Unser Sandwich ist sogar noch besser: Wenn der Fladen auf die Pfanne trifft, schmilzt der Käse im Fladen zu knusprigen Stückchen. So liefert dieses Sandwich Käsegenuss innen und außen! Dieses Rezept funktioniert mit jeder Art von Käse oder Schinken (oder ganz ohne Schinken). Für den Extrakick Chilikäse verwenden.

1 Blumenkohl-Pizzafladen (Seite 26)

1 TL Dijonsenf

2 EL geriebener Monterey-Jack-Käse (alternativ ein anderer milder Kuhmilchkäse)

3 Scheiben Prosciutto crudo (etwa 40 g), in Stückchen gezupft

natives Olivenöl extra oder Kokosöl zum Sprühen

Eine große Pfanne aus Gusseisen bei mittlerer bis hoher Temperatur erhitzen.

Mit einem Pizzaschneider oder einer Küchenschere den Fladen in vier Dreiecke schneiden.

Den Senf auf zwei der Dreiecke streichen. Dann Käse und Prosciutto darauf verteilen. Mit den restlichen Dreiecken abdecken.

Die Pfanne großzügig mit dem Öl einsprühen. Mit einem Metallspatel die Sandwiches in die Pfanne geben und etwa 1 Minute – oder bis die Unterseite braun ist – anbraten. Wenden und 1 Minute – oder bis die zweite Seite auch gebräunt und der Käse geschmolzen ist – weiterbraten. Auf zwei Tellern anrichten und servieren.

Sandwiches mit Tahini und Putenbrust

FÜR 2 PERSONEN (ERGIBT 2 SANDWICHES)

GLUTENFREI

GETREIDEFREI

PALEO

LOW CARB

O. MILCHPROD.

Gurke mit einem Spritzer Essig macht normalen Putenbrustaufschnitt frischer und ein Löffel Sauerkraut gibt dem Sandwich eine salzig-würzige Note. Essiggurken würden auch hervorragend dazu passen. Statt Tahinipaste kann auch Hummus verwendet werden.

1 Paleo-Blumenkohl-Pizzafladen (Seite 29)

60 ml cremige Tahinisauce (Seite 52)

6–8 dünne Gurkenscheiben

1 TL Apfelessig

Meersalzflocken

frisch gemahlener schwarzer Pfeffer

2 TL frisch gehackte glatte Petersilie oder Thymian

28 g Putenbrustaufschnitt in dünnen Scheiben

natives Olivenöl extra oder Kokosöl zum Sprühen

1 EL Sauerkraut (optional)

Eine große Pfanne aus Gusseisen bei mittlerer bis hoher Temperatur erhitzen.

Mit einem Pizzaschneider oder einer Küchenschere den Fladen in vier Dreiecke schneiden.

Die Tahinisauce auf alle Dreiecke streichen. Dann auf zwei der Dreiecke Gurkenscheiben, Essig, eine Prise Salz, Pfeffer, Petersilie oder Thymian und Putenbrustaufschnitt verteilen. Mit den restlichen Dreiecken abdecken.

Die Pfanne großzügig mit dem Öl einsprühen. Mit einem Metallspatel die Sandwiches in die Pfanne geben und etwa 1 Minute – oder bis die Unterseite braun ist – anbraten. Wenden und 1 Minute – oder bis die zweite Seite auch gebräunt ist – weiterbraten. Das Sauerkraut gut abtropfen lassen und zwischen die Sandwichhälften schieben. Auf zwei Tellern anrichten und servieren.

Crostini zweierlei Art

JEDES REZEPT FÜR 4 PERSONEN (ERGIBT JE 8 CROSTINI)

GLUTENFREI

GETREIDEFREI

LOW CARB

VEGETARISCH

Kernig, würzig, süß und salzig – diese Crostini sind all das. Für gesunde Crostini Blumenkohl-Pizzafladen statt des Baguettes verwenden und weniger schwere Zutaten für den Belag auswählen. Die Fladenreste, die beim Ausstechen der Crostini entstehen, zu Blumenkohlbröseln (Seite 35) verarbeiten.

1 Blumenkohl-Pizzafladen (Seite 26)

Den Backofen auf 220 °C Ober-/Unterhitze vorheizen und ein Backblech mit Backpapier auslegen.

Mit einem Keksausstecher (Ø 6–7,5 cm) oder einem Trinkglas aus dem Fladen acht Kreise ausstechen. Auf das vorbereitete Backblech legen und die Crostini 7–10 Minuten – oder bis sie knusprig und braun sind – backen. Zwischendurch einmal wenden. Aus dem Backofen nehmen und abkühlen lassen.

Crostini mit Roter Bete, Ziegenkäse und salzigen Pistazien

1 geröstete Rote Bete (Seite 172), in kleine Würfel geschnitten

¾ TL Balsamicoessig (oder nach Geschmack)

Meersalz

frisch gemahlener schwarzer Pfeffer

8 TL zimmerwarmer Ziegenfrischkäse

1 ½ TL gesalzene, geröstete Pistazienkerne, geschält und fein gehackt

In einer Schüssel mittlerer Größe die Rote Bete mit dem Balsamicoessig verrühren und mit Salz und Pfeffer würzen. Den Ziegenkäse auf den ausgestochenen und gebackenen Fladen verteilen. Die Rote Bete darübergeben. Die Pistazien über die Rote Bete streuen und frischen Pfeffer über die Crostini mahlen. Sofort servieren.

Crostini mit Rosenkohlraspeln und Brie

¼ TL Abrieb von 1 unbehandelten Zitrone

1 TL frisch gepresster Zitronensaft

1 TL natives Olivenöl extra

½ TL Honig

⅛ TL Meersalz

1 Prise geräuchertes Paprikapulver

5 Rosenkohlröschen, grob geraspelt

55 g weicher Brie, in 8 Spalten geschnitten

einige Tropfen Trüffelöl (optional)

1 TL Pinienkerne, geröstet

Den Grill vorheizen.

In einer kleinen Schüssel Zitronenabrieb, Zitronensaft, Olivenöl, Honig, Salz und Paprikapulver verrühren. Die Rosenkohlraspel in der Zitronensaftmischung marinieren.

Erst den Brie, dann die Rosenkohlraspel auf den gebackenen Fladen verteilen. In den Grill geben und 2–3 Minuten grillen. Aus dem Grill nehmen und mit Trüffelöl beträufeln (optional). Dann die Pinienkerne darüberstreuen. Sofort servieren.

Avocadotoast zehnerlei Art

FÜR 3 PERSONEN

GLUTENFREI

GETREIDEFREI

LOW CARB

VEGETARISCH

Mein Heimatstaat Kalifornien ist das Zentrum des Avocadotoasts. Hier servieren Nachbarschaftslokale und Gourmetrestaurants gleichermaßen ihre Versionen von Avocadoaufstrich auf Brot. Ganz im wahren Geiste Kaliforniens habe ich viele verschiedene Rezepte für Avocadotoasts. Das hier sind meine Lieblingsvariationen.

1 Blumenkohl-Pizzafladen (Seite 26)

1 große reife Avocado

1 TL frisch gepresster Limetten- oder Zitronensaft (nach Geschmack)

Meersalzflocken

frisch gemahlener schwarzer Pfeffer

Den Backofen auf 220 °C Ober-/Unterhitze vorheizen und ein Backblech mit Backpapier auslegen.

Mit einem Pizzaschneider oder einer Küchenschere den Fladen in sechs Dreiecke schneiden. Auf das vorbereitete Backblech geben und 8–10 Minuten – oder bis sie knusprig und braun sind – backen. Aus dem Ofen nehmen und abkühlen lassen.

Die Avocado halbieren und entkernen. Das Fruchtfleisch in eine Schüssel löffeln. Den Limettensaft dazugeben und mit einer Gabel zur gewünschten Konsistenz verarbeiten. Mit Salz und Pfeffer würzen. Die Avocadocreme auf den Fladendreiecken verteilen, Zutaten nach Wahl (siehe Variationen) darübergeben und servieren.

VARIATIONEN

Caprese: *Eine halbe kleine Kirschtomate auf die Avocadocreme legen, zerzupfte frische Basilikumblätter darüberstreuen und mit Balsamicoessig beträufeln.*

Gurke: *Cashew-Frischkäse (Seite 59) oder Frischkäse aus Milch über die Avocadocreme streichen. Gurkenscheiben darauf verteilen, mit Apfelessig beträufeln und mit roten Chiliflocken verfeinern.*

Radieschen: *Mit dünnen Scheiben Radieschen belegen, schwarze Sesamsamen und Meersalzflocken darüberstreuen.*

Salsa: *Mit roter Salsa (Seite 45) oder grüner Salsa (Seite 46) und zerzupften frischen Korianderblättern verfeinern.*

Pesto: *Pesto (Seite 48 oder 50) in die Avocadocreme rühren. Mit Kürbiskernen oder Pinienkernen und grob gemahlenem schwarzem Pfeffer garnieren.*

Knoblauch: *Die Creme aus geröstetem Knoblauch (Seite 51) in die Avocadocreme rühren. Grob gemahlenen schwarzen Pfeffer darüberstreuen.*

Tahini: *Cremige Tahinisauce (Seite 52) über die Avocadocreme träufeln und mit Frühlingszwiebelröllchen und Sesamsamen verfeinern.*

Ricotta: *Mandelricotta (Seite 58) über die Avocadocreme streichen und Zitronenabrieb und grob gemahlenen schwarzen Pfeffer darüberstreuen.*

Weiße Bohnen: *Vor der Avocadocreme den weißen Bohnenaufstrich (Seite 54) auf dem Toast verteilen. Mit frisch gehacktem Thymian und grob gemahlenem schwarzem Pfeffer verfeinern.*

Alles: *Mit der Alles-Gewürzmischung (Seite 62) verfeinern.*

Suppen

und

Salate

Blumenkohl ist die perfekte Grundlage für cremige Suppen, da er den Geschmack der anderen Zutaten annimmt. Mit Croûtons aus Blumenkohl-Pizzafladen wird selbst französische Zwiebelsuppe für alle mit Glutenunverträglichkeit wieder Realität. Zu meinen Lieblingssalatpizzen zählen der Caesar Salad und der Radicchiosalat mit gerösteter Orange. Letztendlich imponiert allerdings jedes Gemüse, wenn es nur mit leckerem Hummus serviert wird. Und unsere Pizzafladen sind die perfekten Salatteller!

Französische Zwiebelsuppe

FÜR 6 PERSONEN

GLUTENFREI

GETREIDEFREI

LOW CARB

Französische Zwiebelsuppe ist eines der Gerichte, auf das ich komplett verzichten musste, nachdem ich mich gezwungen sah, Gluten aus meiner Ernährung zu streichen. Mit ein wenig Blumenkohl-Kreativität konnte ich meine Lieblingssuppe mit dem käsigen Brot zurück in mein Leben holen! Der Schlüssel zu einer fantastischen Zwiebelsuppe ist, die Zwiebeln bei niedriger Temperatur zu karamellisieren. Kompliziert ist das nicht, aber es dauert gut 1 Stunde. Einfach Musik aufdrehen und zwischen dem Umrühren eine Nachspeise in Angriff nehmen!

910 g mittelgroße gelbe oder rote Zwiebeln (oder eine Mischung), abgezogen

55 g Butter

3 Knoblauchzehen, abgezogen und sehr fein gehackt

120 ml trockener Sherry

2 l Rinder- oder Hühnerbrühe

2 Zweige frischer Thymian plus frische Thymianblätter zum Garnieren

1 getrocknetes Lorbeerblatt

1 TL Meersalz (oder nach Geschmack)

1 ½ TL Sherry-Essig (oder nach Geschmack)

1 TL Coco Aminos

frisch gemahlener schwarzer Pfeffer

1 Blumenkohl-Pizzafladen (Seite 26)

2 EL Dijonsenf oder körniger Senf (optional)

140 g Gruyère, frisch gerieben

Die Zwiebeln durch die Wurzel halbieren und vierteln.

In einem großen Topf die Butter bei mittlerer Temperatur schmelzen. Die Zwiebeln darin etwa 10 Minuten – oder bis sie beginnen, weich zu werden – anschwitzen. Die Temperatur auf niedrige Stufe reduzieren und die Zwiebeln unter häufigem Rühren etwa 1 Stunde – oder bis sie gebräunt sind, aber noch nicht zerfallen – anbraten. Den Knoblauch dazugeben und etwa 5 Minuten – oder bis er weich ist – weiterbraten.

Die Temperatur auf hohe Stufe erhöhen und den Sherry dazugeben. Etwa 5 Minuten – oder bis er reduziert ist – unter ständigem Rühren kochen, um die braunen Stückchen vom Boden des Topfes zu lösen.

Brühe, Thymianzweige, Lorbeerblatt und Salz dazugeben und zum Kochen bringen. Abdecken und die Temperatur wieder reduzieren, sodass die Suppe nur köchelt. Etwa 45 Minuten köcheln lassen. Vom Herd nehmen, Sherry-Essig und Coco Aminos dazugeben und mit Pfeffer würzen. Wenn nötig, mit mehr Salz, Essig und/oder Pfeffer abschmecken.

Während die Suppe noch köchelt, den Backofen auf 190 °C Umluft vorheizen. Ein Backblech mit Backpapier auslegen und den Fladen darauflegen. Etwa 5 Minuten – oder bis der Fladen knusprig ist – backen. Aus dem Ofen nehmen und die Temperatur auf 230 °C erhöhen.

Den Senf (optional) auf den Fladen streichen und den Käse darüber verteilen. Zurück in den Ofen geben und weitere 5–10 Minuten – oder bis der Käse geschmolzen und der Fladen knusprig ist – backen. Den überbackenen Fladen auf einem Schneidebrett mit einem Pizzaschneider in etwa 2,5 cm große, quadratische oder rechteckige Croûtons schneiden.

Die Suppe in Schüsseln schöpfen, die Croûtons hineingeben, mit Thymianblättchen und Pfeffer garnieren und servieren.

Tomatencremesuppe

FÜR 4 PERSONEN

GLUTENFREI

GETREIDEFREI

LOW CARB

VEGETARISCH *

* wenn Gemüse-
brühe verwen-
det wird

Mein jüngster Sohn Grant liebt Suppen über alles. Herbstsuppen, Wintersuppen und sogar Sommersuppen. Wenn ich diesen cremigen Tomatengenuss mit einem gegrillten Käsesandwich (Seite 92) serviere, weiß ich, dass ich meinen kleinen Scherzkeks glücklich mache!

1 EL natives Olivenöl extra plus etwas zum Beträufeln

1 weiße Zwiebel, abgezogen und gehackt

2 Knoblauchzehen, abgezogen und sehr fein gehackt

1 TL getrocknete italienische Kräuter

1 EL Tomatenmark

800 g gehackte Tomaten mit Saft (aus der Dose)

480 ml Gemüse- oder Hühnerbrühe

215 g Blumenkohlröschen und -ästchen, gehackt

½ TL Meersalz

½ TL frisch gemahlener schwarzer Pfeffer

60 ml Schlagsahne oder Kokossahne

10 g kleine frische Basilikumblätter

2 EL Blumenkohlbrösel (von einem Blumenkohl-Pizzafladen, Seite 35) oder 15 g Blumenkohlcroûtons (Seite 33)

rote Chiliflocken (optional)

In einem großen Topf das Öl bei mittlerer Temperatur erhitzen. Die Zwiebeln darin etwa 5 Minuten anschwitzen. Den Knoblauch dazugeben und etwa 1 Minute mit anschwitzen. Dann die italienischen Kräuter in den Topf geben und weitere 30 Sekunden anbraten. Das Tomatenmark einrühren. Tomaten samt Saft, dann Brühe, Blumenkohl, Salz und Pfeffer in den Topf geben und alles zum Kochen bringen. Die Temperatur reduzieren, sodass die Suppe nur leicht köchelt. Abdecken und unter gelegentlichem Rühren etwa 20 Minuten köcheln lassen. Die Suppe in zwei Portionen in einen Standmixer gießen und vorsichtig glatt pürieren.

Den Topf ausspülen und die Suppe zurück in den Topf geben. Die Sahne dazugeben und zum Köcheln bringen. Die Suppe in Schüsseln mit Basilikumblättern, Bröseln, roten Chiliflocken (optional) und etwas Öl anrichten.

ALTERNATIV

Für eine Paleo-Version: *Kokossahne und Paleo-Blumenkohl-Pizzafladen (Seite 29) verwenden.* **Für eine vegane Version:** *Kokossahne, Gemüsebrühe und einen Blumenkohl-Pizzafladen auf Pflanzenbasis (Seite 28) verwenden.*

Cremige Blumenkohlsuppe

FÜR 6 PERSONEN

GLUTENFREI

GETREIDEFREI

PALEO *

LOW CARB

VEGAN °

VEGETARISCH °

O. MILCHPROD.

* den Sherry weglassen

° wenn Gemüsebrühe verwendet wird

Diese cremige, doch gleichzeitig himmlisch leichte Suppe besteht aus den Röschen, den Ästchen und dem Strunk des Blumenkohls. Hier wird kein Teil des wertvollen Gemüses verschwendet! Die Anisnote des Fenchels erdet die Suppe und ein Hauch Safran verleiht ihr einen goldenen Glanz, einen blumigen Geschmack und ein Aroma wie nicht von dieser Welt. Schlicht himmlisch!

⅛ TL Safran

2 EL natives Olivenöl extra plus etwas zum Beträufeln

1 weiße Zwiebel, abgezogen und gehackt

1 Fenchelknolle, geputzt und in Scheiben geschnitten, das Fenchelgrün gehackt

2 EL trockener Sherry (optional)

1 kleiner Blumenkohl, Röschen und Ästchen in mundgerechte Stücke geschnitten und der Strunk in dünne Scheiben geschnitten

480 ml Gemüse- oder Hühnerbrühe

240 ml ungesüßte Kokosmilch aus der Dose

¾ TL Meersalz (oder nach Geschmack)

½ TL frisch gemahlener weißer Pfeffer plus etwas zum Garnieren

2 TL frisch gepresster Zitronensaft (oder nach Geschmack)

Den Safran in eine sehr kleine Schüssel oder in ein Auflaufförmchen geben. 2 TL heißes Wasser dazugeben und 20 Minuten ziehen lassen.

Das Öl in einem großen Topf bei mittlerer Temperatur erhitzen. Zwiebeln und Fenchel dazugeben und 5–7 Minuten – oder bis sie weich sind – anschwitzen. Den Sherry (optional) dazugeben und etwa 30 Sekunden – oder bis er verdampft ist – kochen. Blumenkohl, Brühe, Kokosmilch, Salz, weißen Pfeffer und vorbereiteten Safran in den Topf geben und zum Köcheln bringen. Die Temperatur reduzieren, sodass die Suppe nur leicht köchelt, abdecken und etwa 15 Minuten – oder bis der Blumenkohl weich ist – köcheln lassen.

Die Suppe in zwei Portionen in einen Standmixer gießen und etwa 2 Minuten glatt pürieren.

Den Topf ausspülen und die Suppe zurück in den Topf geben. Mit Zitronensaft abschmecken und eventuell mit mehr Salz und/oder Zitronensaft nachwürzen. Ist die Suppe zu dickflüssig, noch etwas Wasser oder Brühe dazugeben.

Die Suppe auf Schüsseln verteilen, mit dem Fenchelgrün garnieren, Olivenöl darüberträufeln und weißen Pfeffer darübermahlen.

VARIATION

Cremige Trüffel-Blumenkohl-suppe: *Den Safran weglassen und die Suppe vor dem Servieren mit einem Schuss Trüffelöl verfeinern.*

Mediterrane Salatpizza mit Hummus

FÜR 3 PERSONEN

GLUTENFREI

GETREIDEFREI

PALEO

LCHF

VEGAN

VEGETARISCH

O. MILCHPROD.

Hummus ist die perfekte Sauce für vegane Pizzen. Bei diesem Rezept ist nicht nur im Fladen, sondern auch im Hummus Blumenkohl und der Salat glänzt mit seinen salzigen, kräftigen und süßen Geschmacksnoten. Tipp: Jegliches Gemüse, das Sie zu Hause haben, macht sich hervorragend auf Hummus.

75 ml neuer klassischer Hummus (Seite 152)

1 Blumenkohl-Pizzafladen auf Pflanzenbasis (Seite 28), ein paar Minuten länger gebacken als im Rezept angegeben

25 g dünne Gurkenscheiben

½ geröstete rote Paprika, in dünne Streifen geschnitten

2 Artischockenherzen in Olivenöl, geviertelt

2–3 schwarze Oliven ohne Stein, aufgeschnitten

3 frische glatte Petersilienblätter, gehackt

1 TL natives Olivenöl extra

½ TL Balsamicoessig

1 Prise Meersalzflocken

frisch gemahlener schwarzer Pfeffer

Den Hummus auf den Fladen streichen. Gurkenscheiben, geröstete Paprika, Artischockenherzen, Oliven und Petersilie auf dem Fladen verteilen. Mit Olivenöl und Balsamicoessig beträufeln und mit Salz und schwarzem Pfeffer würzen. Aufschneiden und servieren.

»Caesar Salad«-Pizza

FÜR 3 PERSONEN (PLUS EXTRA CAESAR-DRESSING)

GLUTENFREI

GETREIDEFREI

LOW CARB

Caesar Salad war meine Einstiegsdroge. Das war der Salat, der mich in die Welt des Gemüses einführte, und er ist ein Lieblingsgericht meiner ganzen Familie. Wenn wir Essen gehen, kann man sicher sein, dass sowohl mein Ehemann Jim als auch meine Tochter Caroline einen Caesar Salad bestellen. Diese Pizza ist Vater und Tochter, die sich so ähneln, gewidmet. Bei diesem Rezept bleibt ein wenig Dressing übrig, das bis zu 3 Tage im Kühlschrank aufbewahrt werden kann.

CAESAR-DRESSING
(ERGIBT ETWA 180 ML)

1 große Knoblauchzehe, abgezogen und durchgepresst

2 EL frisch gepresster Zitronensaft (oder nach Geschmack)

1 Eigelb (Größe L)

4 Sardellenfilets (aus der Dose)

1 TL Worcestershiresauce

25 g Parmesan, fein gerieben

240 ml Avocadoöl

¼ TL frisch gemahlener schwarzer Pfeffer

PIZZA

1 Blumenkohl-Pizzafladen (Seite 26), ein paar Minuten länger gebacken als im Rezept angegeben

85 g Römersalatherzen, geputzt, abgebraust, aufgeschnitten oder zerzupft

8 g Croûtons (Seite 33)

1 EL geriebener Parmesan

rote Chiliflocken (optional)

FÜR DAS CAESAR-DRESSING

Knoblauch und Zitronensaft in eine Küchenmaschine geben und 10 Minuten ziehen lassen. Eigelb, Sardellenfilets, Worcestershiresauce und Parmesan dazugeben und alles pulsierend verarbeiten, um die Zutaten zu vermengen und die Sardellenfilets zu pürieren. Die Mischung in eine mittelgroße Schüssel geben. Unter ständigem Rühren langsam das Öl hineinträufeln und dann den Pfeffer unterrühren. Eventuell mit mehr Pfeffer und/oder Zitronensaft abschmecken.

FÜR DIE PIZZA

1 EL Caesar-Dressing auf dem Fladen verteilen. Den Salat mit 2 EL Caesar-Dressing anmachen, dann auf dem Fladen verteilen und 1 EL Dressing darüberträufeln. Die Croûtons darüberstreuen. Mit Parmesan und Chiliflocken (optional) verfeinern, Fladen portionieren und servieren.

Hähnchen-Caesar-Pizza: *50 g angebratenes und in kleine Stücke geschnittenes Hähnchenfleisch auf dem Pizzafladen verteilen.*

Caesar-Pizza des Meeres: *Großzügig mit Dulse-Algenflocken garnieren.*

Grünkohl-Caesar-Pizza: *Statt Römersalatherzen Grünkohl verwenden.*

Salatpizza mit Radicchio

FÜR 3 PERSONEN

GLUTENFREI

GETREIDEFREI

LOW CARB

VEGETARISCH

Geröstete Orangen sind eine wahre Erleuchtung. Einige Minuten im Backofen – und ihre Süße konzentriert sich, ihr Geschmack wird intensiver. Man will immer mehr und mehr davon! Für kleinere Mengen in einem Minibackofen zubereiten oder gleich mehrere Orangen rösten – für weitere Pizzen oder mit Honig beträufelt als Nachtisch.

natives Olivenöl extra zum Sprühen

1 kleine Orange

55 g zimmerwarmer Ziegenfrischkäse

2 EL Schlagsahne

1 Blumenkohl-Pizzafladen (Seite 26), ein paar Minuten länger gebacken als im Rezept angegeben

10 g Radicchiosalat, geputzt, abgebraust und dünn aufgeschnitten

etwas Balsamicoessig

Den Backofen auf 220 °C Ober-/Unterhitze vorheizen. Ein kleines Backblech oder eine ofenfeste Pfanne mit dem Olivenöl einsprühen.

Mit einem Schälmesser die Schale und das Weiße der Orange abschneiden und das Fruchtfleisch in 6 mm dicke Scheiben schneiden (ein Messer mit Wellenschliff eignet sich dafür am besten). Die kleinen Enden beiseitelegen. Die Orangenscheiben auf das vorbereitete Blech legen und im Ofen 15–20 Minuten – oder bis sie weich und an manchen Stellen schwarz sind – rösten.

Ziegenfrischkäse und Schlagsahne in einer kleinen Schüssel mit einer Gabel verrühren. Die Mischung auf den Pizzafladen streichen. Die gerösteten Orangenscheiben darauf verteilen und den Radicchio zwischen den Orangenscheiben anrichten. Mit einem Spritzer Saft von den beiseitegestellten Orangenenden und dem Balsamicoessig verfeinern, Fladen portionieren und servieren.

Salatpizza mit Feige, Ziegenkäse und Rucola

FÜR 3 PERSONEN

GLUTENFREI

GETREIDEFREI

LOW CARB

VEGETARISCH

Feigen können sowohl salzig als auch süß genossen werden. Cremiger Ziegenfrischkäse, scharfer Rucola und ein Hauch Balsamico gesellen sich zu den Feigen. Diese Kombination ergibt eine meiner Lieblingssalatpizzen.

55 g zimmerwarmer Ziegenfrischkäse

2 EL Schlagsahne

1 Blumenkohl-Pizzafladen (Seite 26), ein paar Minuten länger gebacken als im Rezept angegeben

2 große frische oder getrocknete Feigen, in Scheiben geschnitten

20 g frischer Rucola

etwas Balsamicoessig

Ziegenfrischkäse und Schlagsahne in einer kleinen Schüssel mit einer Gabel verrühren.

Die Mischung auf den Pizzafladen streichen. Die Feigen darauf verteilen und den Rucola darüberstreuen. Mit etwas Balsamicoessig beträufeln.

VARIATION

Salatpizza mit Roter Bete,
Ziegenkäse und Rucola: *45 g
geröstete Rote Bete (Seite 172)
in Würfel schneiden und statt
der Feigen auf dem Ziegenkäse
verteilen.*

Italienischer Brotsalat

FÜR 2 PERSONEN

GLUTENFREI

GETREIDEFREI

PALEO *

LOW CARB

VEGETARISCH

* wenn das Brot mit Ghee gebacken wurde

Ein traditioneller Brotsalat besteht aus altbackenem, geröstetem Brot und Tomaten mit einem Kräuterdressing. Während der Salat ruht, saugt sich das Brot mit den Säften voll. Vor Kurzem haben meine COO Jimi Sturgeon-Smith, Doug Smith vom Recherche- und Entwicklungsteam und ich etwas Zeit in Italien verbracht, um neue Rezepte und Ideen zu entwickeln. Man könnte sagen, wir haben uns durch Italien geschlemmt und uns zu diesem Rezept inspirieren lassen. Da wir weiches Brot verwenden, muss der Salat nicht ruhen. Allerdings ist dieser Salat nur so gut wie die saftigen, reifen Tomaten, die darin verwendet werden. Warten Sie also auf die richtige Saison und greifen Sie zu Tomaten alter Sorten in den verschiedensten Farben! Experimentieren Sie mit weiteren Zutaten wie Gurkenscheiben oder roter Paprika!

450 g saftige, reife Tomaten, entkernt und in mundgerechte Stücke geschnitten

¼ TL Meersalz plus etwas mehr, wenn nötig

1 EL Rotweinessig

½ TL Dijonsenf

1 Knoblauchzehe, abgezogen und durchgepresst

⅛ TL frisch gemahlener schwarzer Pfeffer (oder nach Geschmack)

2 EL natives Olivenöl extra

3 Scheiben neues Weißbrot (Seite 30), in 12 mm große Würfel geschnitten und geröstet

¼ kleine rote Zwiebel, abgezogen und dünn aufgeschnitten

10 g frische Basilikumblätter, zerzupft

10 g frische Minzeblätter, zerzupft

Die Tomaten in ein Sieb über einer Schüssel geben. Salzen und gründlich mischen. Bei Zimmertemperatur 10–15 Minuten ruhen lassen, um sie abzuseihen. Zwischendurch einige Male durchmischen. Das Sieb zur Seite stellen. Essig, Senf, Knoblauch und Pfeffer mit dem abgeseihten Tomatensaft verrühren. Das Öl einrühren.

Tomaten, Brot, Zwiebeln, Basilikum und Minze in die Schüssel geben und gründlich mit dem Dressing vermischen. Wenn nötig, mit mehr Salz und Pfeffer abschmecken.

Zitroniger Fenchel-Blumenkohl-Salat

FÜR 4–6 PERSONEN

GLUTENFREI

GETREIDEFREI

PALEO

LOW CARB

VEGAN *

VEGETARISCH

O. MILCHPROD.

* wenn Ahorn-
sirup verwendet
wird

Knackig, keck und ein bisschen süß: Dieser rohe Blumenkohlsalat ist ein Geschmackserlebnis. Dreierlei von der Zitrone – Saft, Abrieb und eingelegt – bildet den roten Faden des Salats mit einem Kick von salziger, saurer und blumiger Herrlichkeit. In Salz eingelegte Zitronen findet man häufig in der nordafrikanischen Küche. Ihr Geschmack ist gleichzeitig sanft und äußerst zitronig und krönt jeden Salat. Eingelegte Zitronen sind in Feinkostläden oder online erhältlich. Vor dem Verwenden das überschüssige Salz abspülen. Wenn Sie keine finden, verdoppeln Sie einfach die Menge des Zitronenabriebs.

35 g Korinthen

1 kleiner Blumenkohl

1 kleine Fenchelknolle, geputzt und sehr dünn aufgeschnitten, das Fenchelgrün gehackt

½ eingelegte Zitrone, fein gehackt

30 g geröstete gesalzene Pistazienkerne, geschält und gehackt

60 ml frisch gepresster Zitronensaft

1 TL Honig oder Ahornsirup

1 ¼ TL Meersalzflocken (oder nach Geschmack)

½ TL frisch gemahlener schwarzer Pfeffer

3 EL natives Olivenöl extra

25 g frische glatte Petersilie, gehackt

25 g frische Minze, gehackt

2 TL Abrieb von 1 unbehandelten Zitrone

Die Korinthen in heißem Wasser 20 Minuten ziehen lassen, während die anderen Zutaten vorbereitet werden. Vor dem Verwenden abseihen. Die Blätter vom Blumenkohl entfernen, abbrausen und fein hacken. Den Strunk entfernen und dann die Röschen und Ästchen in große Stücke schneiden. Die Blumenkohlstücke in zwei Portionen in einer Küchenmaschine pulsierend verarbeiten, bis sie die Größe von Kichererbsen haben. Mit den gehackten Blumenkohlblättern in eine Schüssel geben, dann Fenchel, eingelegte Zitrone, Pistazien und Korinthen dazugeben.

In einer kleinen Schüssel Zitronensaft, Honig, Salz und Pfeffer verrühren und dann langsam das Öl einrühren. Das Dressing zur Blumenkohlmischung geben und alles vermischen. Petersilie, Minze und 15 g Fenchelgrün dazugeben. Mindestens 1 Stunde marinieren, dann auf Schüsseln verteilen, mit Zitronenabrieb bestreuen und servieren.

Blumen-
kohlreis

Blumenkohlreis kann alles, was traditioneller Reis kann – allerdings mit weniger Kalorien, dafür aber mit gesunden Kreuzblütlernährstoffen. Dieses Kapitel ist dem neuen weißen Reis gewidmet und umfasst Adaptionen von Klassikern wie gebratener Reis mit Ei, Burrito-Bowls, Sushi sowie eine neue Version von Kartoffelpüree für die Low-Carb-Generation. Für Vielbeschäftigte: Fertiger Blumenkohlreis ist auch im Supermarkt oder online erhältlich.

Gebratener Reis mit Ei, Kimchi und Speck

FÜR 4 PERSONEN

GLUTENFREI

GETREIDEFREI

PALEO

LOW CARB

O. MILCHPROD.

Als schnelle Mahlzeit bereitete meine Mutter oft gebratenen Reis mit Ei zu. Heute koche ich für meine Kinder gebratenen Blumenkohlreis mit Ei, damit sie mit jeder Mahlzeit die maximale Menge an gesunden Nährstoffen bekommen. Selbst mein ältester Sohn James, der wirklich kein Gemüse mag, isst gebratenen Blumenkohlreis. Er verzichtet auf das Kimchi, aber für uns Erwachsene ist die Kombination des kräftigen Kimchis mit salzigem Speck ein kulinarischer Höhepunkt!

4 dünne Scheiben Speck

3 Eier (Größe L)

¼ TL gemahlene Kurkuma

¼ TL Meersalz plus 1 Prise für den Blumenkohlreis

¼ TL frisch gemahlener schwarzer Pfeffer

650 g Blumenkohlreis (Seite 36)

2 Knoblauchzehen, abgezogen und durchgepresst

1 EL natives Olivenöl extra oder ausgelassenes Fett vom Speck

3 EL Coco Aminos

1 TL geröstetes Sesamöl

150 g Kimchi, gehackt, plus etwas zum Anrichten

2 EL Kimchisaft aus dem Glas

2 Frühlingszwiebeln (weißer und grüner Teil), geputzt, abgebraust und dünn aufgeschnitten

2 TL braune oder schwarze Sesamsamen

Den Speck bei mittlerer bis hoher Temperatur in einer großen Pfanne etwa 5 Minuten – oder bis er knusprig ist – anbraten. Dann auf einem mit Küchenpapier ausgelegten Teller abkühlen lassen und zerbrechen. Das Fett bis auf 1 EL aus der Pfanne gießen (das überschüssige Fett kann in einem hitzebeständigen Gefäß aufgehoben werden) und die Temperatur etwas reduzieren.

Die Eier in einer mittelgroßen Schüssel verquirlen, dann Kurkuma, ¼ TL Salz und Pfeffer einrühren. Die Eier in die Pfanne, in der der Speck angebraten wurde, geben und durch Schwenken gleichmäßig verteilen. Ungestört etwa 2 Minuten – oder bis das Ei unten fest wird und fast durch ist – anbraten. Einen großen Spatel unter die Eimasse führen, wenden und auf der zweiten Seite etwa 1 Minute – oder bis sie vollständig durch ist – weiterbraten. Den Eifladen aus der Pfanne heben und auf einem Schneidebrett in schmale Streifen schneiden.

Bei mittlerer bis hoher Temperatur Blumenkohlreis, Knoblauch und eine Prise Salz in einer mittelgroßen Pfanne 3–5 Minuten unter regelmäßigem Rühren erhitzen, um überschüssige Feuchtigkeit verdampfen zu lassen. Das Olivenöl in die Pfanne geben und 1 Minute weiterbraten, dann Coco Aminos und Sesamöl dazugeben. Die Pfanne vom Herd nehmen und darin das Kimchi und den Kimchisaft mit dem Blumenkohlreis vermischen.

Den Kimchi-Blumenkohlreis auf Schüsseln verteilen, mit Eistreifen, Speck, Frühlingszwiebeln und Sesamsamen garnieren und servieren.

ALTERNATIV

Für eine vegane Version: *Veganes Kimchi verwenden sowie den Speck und das Ei weglassen.*

VARIATION

Einfacher gebratener Reis mit Ei: *Das Kimchi weglassen und stattdessen den Reis mit gekochtem Gemüse nach Wahl servieren.*

Garnelen mit Blumenkohlblattgrütze

FÜR 4 PERSONEN

GLUTENFREI

GETREIDEFREI

LOW CARB

Mein Ehemann Jim und ich lebten acht Jahre in New Orleans. Dort aßen wir oft Garnelen mit Grütze, ein traditionelles Gericht. Diese Version ist leichter zuzubereiten und die Blumenkohlblätter verleihen ihr eine einzigartige Geschmacksnote. Statt der Blumenkohlblätter kann auch Pak Choi verwendet werden.

780 g Blumenkohlreis (Seite 36)

2 Knoblauchzehen, abgezogen und durchgepresst

120 ml Hühnerbrühe

¾ TL Meersalz (oder nach Geschmack)

½ TL grob gemahlener schwarzer Pfeffer plus etwas zum Garnieren

60 ml Schlagsahne

2 EL Butter

55 g Cheddar, geraspelt

25 g Parmesan, gerieben, plus etwas zum Garnieren

455 g große Garnelen, geschält und entdarmt

1 EL natives Olivenöl extra

70 g Blumenkohlblätter, abgebraust und dünn aufgeschnitten

½ TL Abrieb von 1 unbehandelten Zitrone

2 TL frisch gepresster Zitronensaft (oder nach Geschmack)

1 EL frisch gehackte glatte Petersilie

Bei mittlerer bis hoher Temperatur den Blumenkohlreis und den Knoblauch in einer mittelgroßen Pfanne 3–5 Minuten unter regelmäßigem Rühren erhitzen, um überschüssige Feuchtigkeit verdampfen zu lassen. Brühe, ½ TL Salz und Pfeffer dazugeben und zum Köcheln bringen. Etwa 3 Minuten – oder bis ein Großteil der Flüssigkeit aufgesogen und der Blumenkohlreis schon etwas weich, aber noch al dente ist – köcheln lassen. Schlagsahne und Butter einrühren, bis die Butter geschmolzen ist. Dann Cheddar und Parmesan einrühren, bis der Käse geschmolzen ist. Die Pfanne vom Herd nehmen.

Die Garnelen abbrausen und trocken tupfen. Mit dem restlichen Salz würzen. In einer großen Pfanne das Öl bei mittlerer bis hoher Temperatur erhitzen. Die Garnelen im Uhrzeigersinn entlang des Pfannenrands legen, ohne dass sie sich berühren, und ungestört etwa 2 Minuten – oder bis sie anfangen, rosa zu werden – anbraten. Mit einer Zange die Garnelen in der Reihenfolge, in der sie in die Pfanne gelegt wurden, wenden und weitere 2 Minuten – oder bis die zweite Seite auch rosa wird und die Garnelen gerade erst durch sind – weiterbraten. Die Garnelen auf eine Seite der Pfanne schieben und auf der anderen Seite die Blumenkohlblätter etwa 30 Sekunden – oder bis sie anfangen zusammenzufallen – anbraten. Dann die Blumenkohlblätter mit den Garnelen mischen und alles weiterbraten, bis die Blumenkohlblätter vollständig zusammengefallen und die Garnelen durch sind. Die Pfanne vom Herd nehmen und die Garnelen mit Zitronenabrieb und Zitronensaft verfeinern.

Den Blumenkohlreis auf Schüsseln verteilen und die Garnelen darauf anrichten. Mit einem Spritzer Zitronensaft, etwas Parmesan und der Petersilie garnieren und servieren.

Poke Bowl mit Grapefruit-Thunfisch

FÜR 2 PERSONEN

Ich bin süchtig nach Thunfisch und liebe ganz besonders Gerichte mit rohem Fisch – von Sushi bis zu Ceviche und Schüsseln mit Reis und Fisch, wie diese mit Blumenkohlreis aufgepeppte Thunfisch-Poke-Bowl. Das sehr leichte Dressing verleiht dem Thunfisch eine geröstete Zitrusnote und betont zugleich die Frische des Fischs, während die scharfe Mayo das Gericht mit cremiger Köstlichkeit bereichert. Togarashi ist ein feuriger Gewürzklassiker aus Japan mit Sesamsamen, Orangenabrieb und Chili und ist in gut sortierten Feinkostläden erhältlich. Alternativ kann das Gewürz weggelassen oder durch ein mildes Chilipulver ersetzt werden.

SCHARFE MAYO

60 ml Mayonnaise

1 EL Chilisauce

BLUMENKOHLREIS

260 g Blumenkohlreis (Seite 36)

2 TL natives Olivenöl extra

⅛ TL Meersalz

THUNFISCH

1 EL Coco Aminos

1 TL geröstetes Sesamöl

½ TL Honig

½ TL Abrieb von 1 unbehandelten Grapefuit

1 Prise Meersalz

225 g Thunfischfilet in Sashimi-Qualität, in 12 mm große Würfel geschnitten

1 Frühlingszwiebel, geputzt und dünn aufgeschnitten

1 TL schwarze Sesamsamen

ZUM ANRICHTEN

1 kleine Avocado, Fruchtfleisch dünn aufgeschnitten

4 Grapefruitfilets

1 großes Radieschen, geputzt, abgebraust und gestiftelt

2 EL Grapefruitsaft

Meersalzflocken

½ Blatt Nori-Meeresalgen, in Streifen geschnitten

1 Prise Togarashi oder mildes Chilipulver (optional)

FÜR DIE SCHARFE MAYO

In einer kleinen Schüssel die Mayonnaise und die Chilisauce verrühren.

FÜR DEN BLUMENKOHLREIS

Bei mittlerer bis hoher Temperatur den Blumenkohlreis in einer mittelgroßen Pfanne 3–5 Minuten unter regelmäßigem Rühren erhitzen, um überschüssige Feuchtigkeit verdampfen zu lassen. Mit dem Öl und dem Salz noch 1 Minute anbraten.

FÜR DEN THUNFISCH

In einer mittelgroßen Schüssel Coco Aminos, Sesamöl, Honig, Grapefruitabrieb und Salz verrühren. Thunfischwürfel, Frühlingszwiebelröllchen und Sesamsamen mit dem Dressing marinieren. 5 Minuten ziehen lassen.

ZUM ANRICHTEN

Den Blumenkohlreis auf zwei Schüsseln verteilen. Thunfisch, die Avocado, Grapefruitfilets und Radieschenstifte darauf anrichten. Mit dem Grapefruitsaft beträufeln und mit einer Prise Meersalzflocken würzen. Mit der scharfen Mayo, den Meeresalgen und dem Togarashipulver (optional) garnieren und servieren.

Maki mit Frischkäse und Lachs

FÜR 2 ODER 3 PERSONEN (ERGIBT 6 ROLLEN)

GLUTENFREI

GETREIDEFREI

LOW CARB

Mein Ehemann Jim und ich teilen unsere Liebe für Sushi. Alle vier Jahre bereiten wir anlässlich der US-Präsidentschafts-debatte Makis über Makis zu. Mit einem Teller voll Fisch in Meeresalgen mit scharfer Mayo lässt sich diese schwere Zeit der Wahlkampfperiode besser überstehen. Ich vermische den Blumenkohlreis mit etwas Frischkäse, um die klebrige Textur von Sushi-reis nachzuahmen. Keine Sorge, Bambusmatten sind kein Muss.

BLUMENKOHLREIS

360 g Blumenkohlreis
(Seite 36)

2 TL Apfelessig

¼ TL Meersalz

55 g weicher Frischkäse

MAKI-ROLLEN

½ mittelgroße Gurke

115 g Lachs in Sashimi-Qualität ohne Haut

3 Blätter Nori-Meeresalgen

ZUM ANRICHTEN

Coco Aminos

scharfe Mayo (Seite 126; optional)

eingelegter Ingwer (optional)

Wasabi (optional)

FÜR DEN BLUMENKOHLREIS

Bei mittlerer bis hoher Temperatur den Blumenkohlreis in einer mittelgroßen Pfanne 3–5 Minuten unter regelmäßigem Rühren erhitzen, um überschüssige Feuchtigkeit verdampfen zu lassen. Vom Herd nehmen und zuerst Essig und Salz, dann den Frischkäse gründlich einrühren. Auf einem Teller vollständig abkühlen lassen.

FÜR DIE MAKI-ROLLEN

Die Gurke schälen, der Länge nach halbieren und die Kerne mithilfe eines Löffels entfernen. Gurke in etwa 6 mm breite Stifte scheiden. Den Lachs in etwa 12 mm breite Streifen schneiden.

Ein Noriblatt – mit der glänzenden Seite nach unten und den Prägungen vertikal verlaufend – zur Hälfte auf eine Bambusmatte legen, sodass es 2,5 cm vom Rand der Bambus-matte, der einem selbst am nächsten ist, entfernt liegt. Mit leicht befeuchteten Händen etwa 75 g Blumenkohlreis auf dem Noriblatt verteilen. Darauf achten, den Reis nicht zu sehr zusammenzudrücken und oben sowie unten etwa 12 mm frei zu lassen. In das untere Drittel einen Lachsstreifen und einige Gurkenstifte legen.

Mit den Daumen den näheren Rand der Bambusmatte etwas anheben, den Rand des Noriblatts mit dem Blumen-kohlreis über die Füllung legen und mit den anderen Fingern die Füllung zu sich selbst drücken. Die Matte nach vorn ziehen und dabei das Noriblatt weiter einrollen, um die Füllung zu umwickeln. Die Finger in Wasser tunken und entlang der freien Stelle des Noriblatts streichen. Weiterrollen, um die Rolle zu versiegeln. Die Matte über die Rolle ziehen und fest-drücken.

Die Rolle mit der Naht nach unten auf ein Scheidebrett legen. Ein scharfes Messer befeuchten und die unsauberen Ränder abschneiden. Dann die Rolle in vier oder sechs Stücke schneiden. Mit den restlichen Zutaten wiederholen. Mit einer kleinen Schüssel mit Coco Aminos zum Dippen und nach Belieben mit scharfer Mayo, eingelegtem Ingwer und Wasabi servieren.

Burrito-Bowl mit smoky Schweinefleisch

FÜR 4 PERSONEN

GLUTENFREI

GETREIDEFREI

PALEO

O. MILCHPROD.

Mexikanisches Essen wird immer beliebter. Ob es wohl Restaurants gibt, die ihre Burritos mit Blumenkohlreis servieren? Dieses Rezept ist eine getreidefreie Variation von Burritos. Es schmeckt auch vorzüglich mit grüner Salsa (Seite 46) und statt Schweinefleisch kann Hähnchen, Rind oder jedes andere Fleisch verwendet werden.

FÜR DAS SCHWEINEFLEISCH

1 EL natives Olivenöl extra

1 kleine grüne Paprikaschote, geputzt, abgebraust und aufgeschnitten

1 kleine rote Zwiebel, abgezogen und in halbmondförmige Scheiben geschnitten

1 Knoblauchzehe, abgezogen und fein gehackt

½ TL gemahlene Kurkuma

½ TL Chipotle-Chilipulver

390 g Schweinefleisch (aus Schulter oder Nacken), gebraten und zerzupft

360 ml rote Salsa (Seite 45) plus etwas zum Anrichten

BLUMENKOHLREIS

650 g Blumenkohlreis (Seite 36)

1 EL natives Olivenöl extra

¼ TL Meersalz

ZUM ANRICHTEN

1 Avocado, Fruchtfleisch aufgeschnitten

110 g Römersalat, geputzt, abgebraust und zerzupft

10 g frischer Koriander, abgebraust und gehackt

1 unbehandelte Limette, in 4 Spalten geschnitten (optional)

Guacamole (Seite 156, optional) als Dip

FÜR DAS SCHWEINEFLEISCH

Bei mittlerer bis hoher Temperatur das Öl in einer großen Pfanne erhitzen. Paprika und Zwiebeln darin etwa 5 Minuten – oder bis das Gemüse knusprig-zart ist – anschwitzen. Den Knoblauch hinzugeben und etwa 1 Minute – oder bis er zu duften beginnt – mit anschwitzen. Kurkuma und Chipotle-Chilipulver in die Pfanne geben und weiter 30 Sekunden anbraten. Das Schweinefleisch dazugeben. Die Salsa einrühren.

FÜR DEN BLUMENKOHLREIS

Bei mittlerer bis hoher Temperatur den Blumenkohlreis in einer mittelgroßen Pfanne 3–5 Minuten unter regelmäßigem Rühren erhitzen, um überschüssige Feuchtigkeit verdampfen zu lassen. Öl und Salz dazugeben und alles 1 Minute weiterbraten.

ZUM ANRICHTEN

Den Blumenkohlreis auf Schüsseln verteilen. Das Schweinefleisch auf einer Seite und die Avocado auf der anderen Seite der Schüssel anrichten. Mit mehr Salsa und dem Koriander garnieren und nach Belieben mit den Limettenspalten und der Guacamole servieren.

Blumenkohlpüree

FÜR 4–6 PERSONEN

GLUTENFREI

GETREIDEFREI

LOW CARB

VEGETARISCH

Aus Blumenkohlreis Püree zu machen, ist eine gute Methode, Gemüsehassern Blumenkohl näherzubringen. Neben der Butter, der Milch und dem Sauerrahm fällt es nicht einmal auf, dass keine Kartoffeln in diesem Püree sind. Dieses Rezept allein ist Grund genug, jederzeit Blumenkohlreis zur Hand zu haben. Für ein noch kohlenhydratärmeres Püree Kokosmilch statt Kuhmilch verwenden.

1 kg Blumenkohlreis (Seite 36)

2 EL Butter

¾ TL Meersalz (oder nach Geschmack)

480 ml Milch

2 EL Sauerrahm

2 EL Creme aus geröstetem Knoblauch (Seite 51; optional)

1 EL frisch gehackter Dill

Bei mittlerer bis hoher Temperatur den Blumenkohlreis in einer mittelgroßen Pfanne 3–5 Minuten unter regelmäßigem Rühren erhitzen, um überschüssige Feuchtigkeit verdampfen zu lassen. Butter und Salz dazugeben und unter ständigem Rühren etwa 2 Minuten – oder bis die Butter geschmolzen ist – weiterbraten. Die Milch angießen und bei mittlerer Temperatur 20 Minuten – oder bis die ganze Flüssigkeit aufgesogen ist – köcheln lassen.

Sauerrahm und Knoblauchcreme (optional) einrühren. Die Pfanne vom Herd nehmen. Mit einem Stabmixer bei hoher Geschwindigkeit 2 Minuten – oder bis das Püree glatt und cremig ist – pürieren. Auf Schüsseln verteilen, mit dem Dill garnieren und servieren.

Aufläufe und Co.

Unsere Lasagne ohne Nudeln wird Ihre Wahrnehmung von diesem klassischen Wohlfühlgericht für immer verändern. Die unglaublich cremige Quiche macht weiche Knie und der Shepherd's Pie verspricht einen Zustand kohlenhydratfreier Glückseligkeit. Dieses Kapitel ist einer meiner besten Freundinnen gewidmet, Cali'flour-Teammitglied Stephanie Galland, der Erfinderin unserer Lasagne.

Lasagne für Fleischliebhaber

FÜR 6 PERSONEN

GLUTENFREI

GETREIDEFREI

LOW CARB

Unsere Lasagne ist welt-verändernd. Die Zube-reitung ist schneller und unkomplizierter als die der traditionellen Lasag-ne, und außerdem gelingt dieses Rezept immer, da der Käse in den Fladen alles perfekt zusammen-hält.

425 g Tomatensauce (aus dem Glas)

120 ml Tomatenmark

1 EL getrockneter Oregano

1 EL getrocknetes Basilikum

1 TL Knoblauchpulver

2 TL natives Olivenöl extra

1 kleine gelbe Zwiebel, abgezogen und gehackt

5 Knoblauchzehen, abgezogen und gehackt

445 g Rinderhackfleisch

½ TL Meersalz

½ TL frisch gemahlener schwarzer Pfeffer

1 TL frisch gehackter Rosmarin

1 TL frisch gehackter Thymian

2 Blumenkohl-Pizzafladen (Seite 26)

425 g Ricotta

1 Ei (Größe L)

10 g frischer Spinat

115 g Mozzarella, in dünne Scheiben geschnitten

5 frische Basilikumblätter

35 g Cheddar, geraspelt

25 g Parmesan, gerieben

Den Backofen auf 190 °C Um-luft vorheizen.

In einem mittelgroßen Topf Tomatensauce, Tomatenmark, Oregano, Basilikum und Knoblauchpulver bei mittlerer Temperatur zum Köcheln bringen, dann die Temperatur reduzieren und 15 Minuten – oder bis das Rindfleisch aus dem nächsten Arbeitsschritt durch ist – köcheln lassen.

Während die Sauce köchelt, das Öl in einer großen Pfanne bei mittlerer Temperatur erhitzen. Die Zwiebeln darin etwa 5 Minuten – oder bis sie weich sind – anschwitzen. Den Knoblauch dazugeben und etwa 2 Minuten – oder bis er weich ist – mit anschwitzen. Dann das Rinderhackfleisch etwa 10 Minuten – oder bis es nicht mehr rosa ist und beginnt, braun zu werden – anbraten. Mit einem Holz-kochlöffel das Hackfleisch zerstoßen und umrühren. Mit Salz und Pfeffer würzen.

Das Rindfleisch zur kö-chelnden Sauce geben. Rosma-rin und Thymian einrühren und 10 Minuten köcheln lassen, um die Geschmacksno-ten zu binden.

Einen Fladen in eine Kuchenform (Ø 23 cm) geben und an den Seiten leicht hochdrücken. In einer Schüssel den Ricotta mit dem Ei verquirlen. Die Hälfte der Ricottamischung auf den Fladen in der Form streichen, dann die Hälfte der Fleisch-sauce darauf verteilen und mit einem Plastikspatel flach drücken. Den Spinat darüber verteilen. Den zweiten Fladen darüberlegen und die rest-liche Ricottamischung gefolgt von der restlichen Fleisch-sauce darauf verteilen. Erst die Mozzarellascheiben, dann die Basilikumblätter auf der Sauce verteilen. Cheddar und Parmesan darüberstreuen.

Die Kuchenform auf einem Backblech in den Ofen geben und 30 Minuten – oder bis der Käse geschmolzen und ge-bräunt ist und Blasen schlägt – backen. 10–15 Minuten ruhen lassen, aufschneiden und mit frischen Basilikumblättern servieren.

Lasagne mit Pesto und gerösteten Champignons

FÜR 6 PERSONEN

GLUTENFREI

GETREIDEFREI

LCHF

VEGETARISCH

Erzählen Sie Ihren Gästen nicht, dass in dieser Lasagne keine Nudelblätter sind – es ist sehr unwahrscheinlich, dass es ihnen auffällt. Mit unseren Pizzafladen können Sie einfach noch mehr Gemüse in Gerichte zaubern. (Denken Sie daran, die Lasagneblätter bestehen aus Blumenkohl – schon einmal ein guter Start.) Mit diesem Rezept als Orientierungshilfe können Sie Ihrer Kreativität freien Lauf lassen und ihre ganz eigene Gemüselasagne kreieren. Achtung: Die Flüssigkeit, die beim Rösten der Champignons entsteht, wird abgeseiht, damit die Lasagne nicht zu feucht wird. Mit diesem Champignonsaft kann man Suppen wie die französische Zwiebelsuppe (Seite 102) oder andere Gemüsegerichte aufpeppen.

455 g weiße Champignons, geputzt und in 6 mm dicke Scheiben geschnitten

1 ½ EL natives Olivenöl extra

⅛ TL Meersalz

⅛ TL frisch gemahlener schwarzer Pfeffer

1 Zweig frischer Rosmarin

2 Blumenkohl-Pizzafladen (Seite 26)

425 g Ricotta

1 Ei (Größe L)

240 ml Pesto aus Blumenkohlblättern (Seite 48)

20 g frischer Spinat

110 g Mozzarella, in dünne Scheiben geschnitten

25 g Parmesan, gerieben

1 Prise Paprikapulver

Den Backofen auf 190 °C Umluft vorheizen.

Die Champignons in einer großen Schüssel mit dem Öl überziehen. Mit Salz und Pfeffer würzen und gründlich vermengen. Die Champignons auf einem Backblech verteilen und den Rosmarinzweig darauflegen. Im Ofen etwa 10 Minuten – oder bis die Champignons relativ viel Flüssigkeit verloren haben – rösten. Vorsichtig die Flüssigkeit abgießen und das Blech mit den Champignons wieder zurück in den Ofen geben. Weitere 20 Minuten – oder bis die Pilze braun und recht trocken sowie weich sind, aber noch ihre Form halten – rösten. Dabei ein- bis zweimal wenden. Aus dem Ofen nehmen und den Rosmarinzweig entsorgen.

Einen Fladen in eine Kuchenform (Ø 23 cm) geben und an den Seiten leicht hochdrücken. Den Ricotta in einer Schüssel mit dem Ei verquirlen. 120 ml Pesto gefolgt von der Hälfte der Ricottamischung auf den Fladen streichen. Mit einem Plastikspatel glatt streichen. Erst die Champignons, dann den Spinat darauf verteilen. Den zweiten Fladen auf den Spinat legen und mit dem restlichen Pesto bestreichen. Die restliche Ricottamischung gleichmäßig auf dem Pesto verteilen (es ist okay, wenn etwas vom Pesto zu sehen ist). Die Mozzarellascheiben auf die Lasagne legen und Parmesan sowie Paprikapulver darüberstreuen. Die Kuchenform auf einem Backblech in den Backofen geben und 30 Minuten – oder bis der Käse geschmolzen und gebräunt ist und Blasen schlägt – backen. 10–15 Minuten ruhen lassen, aufschneiden und servieren.

Quiche Lorraine

FÜR 6 PERSONEN

GLUTENFREI

GETREIDEFREI

LOW CARB

Das Schwierigste an einer Quiche ist die Kruste. Hier vereinen zwei Blumenkohl-Pizzafladen ihre Kräfte und werden zu einer Quichekruste. Das hier ist vielleicht eine der cremigsten Quiches überhaupt – die Crème fraîche macht den Unterschied.

2 Blumenkohl-Pizzafladen (Seite 26)

8 dünne Speckstreifen

3 Eier (Größe L)

1 Eigelb (Größe L)

240 ml Schlagsahne

120 ml Crème fraîche

¼ TL Meersalz

¼ TL frisch gemahlener Pfeffer plus etwas zum Garnieren

85 g Gruyère, geraspelt

frische Thymianblätter zum Garnieren

Den Backofen auf 190 °C Umluft vorheizen.

Einen der Fladen in eine Tarte- oder Pieform (Ø 25 cm) legen. Den zweiten Fladen in vier Streifen schneiden und mit dem ersten Fladen überlappend die Seiten der Tarteform auslegen. Die Fladenstreifen auf den anderen Fladen drücken, um sie etwas miteinander zu verbinden.

Den Speck auf ein Backblech legen. Die Tarteform auf der obersten Schiene des Backofens und den Speck auf der untersten Schiene etwa 15 Minuten – oder bis die Fladen braun und die Speckstreifen knusprig sind – backen.

Den Speck auf einem mit Küchenpapier ausgelegten Teller zur Seite stellen (das Fett für andere Rezepte verwenden). Die Tarteform auf einem Küchengitter etwas abkühlen lassen.

In einer großen Schüssel Eier, Eigelb, Sahne und Crème fraîche verrühren. Mit Salz und Pfeffer würzen. Den Speck zerkleinern und auf den Fladen verteilen. Den Käse darüberstreuen. Die Eimischung in die Tarteform gießen und frei liegende Stellen der Kruste mit Aluminiumfoliestückchen schützen. Die Quiche auf einem Backblech 30–40 Minuten – oder bis sie goldgelb ist, die Garprobe sauber herauskommt und die Mitte fest, aber wie Gelatine wirkt – backen. Mit Pfeffer und Thymianblättchen garnieren und auf einem Küchengitter mindestens 20 Minuten abkühlen lassen. Heiß oder zimmerwarm servieren.

ALTERNATIV

Für eine vegetarische Version: *Den Speck weglassen.*

Shepherd's Pie mit Lamm und Süßkartoffel

FÜR 6 PERSONEN

GLUTENFREI

GETREIDEFREI

LOW CARB

Fun Fact: Neuseeland, die Heimat meines Mannes, hat weltweit die höchste Dichte an Schafen und den größten Exportmarkt für Lammfleisch. Wenn wir in Neuseeland sind, finden wir tatsächlich an jeder Ecke Lamm-Pies – in schicken Restaurants, aber auch in Tankstellen. Dieses Rezept für das klassische Gericht verzichtet beinahe vollständig auf Kartoffeln – für ein überraschend leichtes Gefühl nach dem Essen.

680 g Lammhackfleisch

1 weiße Zwiebel, abgezogen und gehackt

115 g weiße Champignons mit Stiel, geputzt und gehackt

2 Knoblauchzehen, abgezogen und fein gehackt

1 EL Tomatenmark

2 EL trockener Rotwein

240 ml Rinder- oder Hühnerbrühe

2 TL Worcestershiresauce

2 TL frisch gehackte Thymianblätter

2 TL frisch gehackter Rosmarin

1 kleine Süßkartoffel, geschält und geraspelt

½ TL Meersalz

¼ TL frisch gemahlener schwarzer Pfeffer plus etwas zum Garnieren

1 EL Pfeilwurzmehl

1 Blumenkohlpüree (Seite 132)

2 Eigelb (Größe L)

2 TL frisch gehackter Dill

Ein Backblech etwa 12 cm unter das Grillelement schieben und den Grill vorheizen.

In einer ofenfesten Pfanne (Ø 25 cm) Lammhackfleisch, Zwiebeln, Champignons und Knoblauch bei mittlerer bis hoher Temperatur anbraten. Dabei häufig umrühren und das Lammhackfleisch zerstoßen, bis das Fett aus dem Fleisch getreten ist und die Pilze ihre Flüssigkeit abgegeben haben. Dann etwa 20 Minuten – oder bis die Feuchtigkeit verdampft ist – weiterbraten. Vorsichtig so viel Fett wie möglich in eine Schüssel abgießen.

Das Tomatenmark in das Lammfleisch rühren und unter häufigem Rühren 2 Minuten anbraten. Den Rotwein angießen und 1 Minute – oder bis der Wein verdampft ist – weiterbraten. Dabei durch Umrühren die braunen Stückchen vom Boden der Pfanne lösen.

Brühe, Worcestershiresauce, Thymian, Rosmarin, Süßkartoffelraspel, Salz und Pfeffer in die Pfanne geben und alles zum Köcheln bringen. Dann die Temperatur reduzieren und etwa 10 Minuten – oder bis die Brühe beinahe vollständig verkocht ist und die Süßkartoffeln weich sind – köcheln lassen. Das Pfeilwurzmehl in einer kleinen Schüssel mit 1 EL Wasser auflösen. Dann das Pfeilwurzmehl 1 Minute mitkochen und die Pfanne vom Herd nehmen.

Das Blumenkohlpüree in einer großen Schüssel mit dem Eigelb vermengen. Das Püree in einen wiederverschließbaren Plastikbeutel füllen und eine 2,5 cm große Öffnung abschneiden. Das Püree über die Füllung spritzen, um sie vollständig zu bedecken, und mit der Rückseite eines Löffels glatt streichen (oder kleine Spitzen formen). Pfeffer darübermahlen. Die Pfanne auf das Backblech stellen und etwa 10 Minuten – oder bis das Püree stellenweise braun ist und die Füllung brodelt – grillen. Aus dem Ofen nehmen und mit dem Dill garnieren. Vor dem Servieren 10 Minuten abkühlen lassen.

Enchilada-Auflauf mit Hähnchen

FÜR 6 PERSONEN

GLUTENFREI

GETREIDEFREI

Dieses Rezept ist von einem Gericht inspiriert, das Nicole Mimbs vom Cali'flour-Team für unseren YouTube-Kanal zubereitete. Wenn die Zutaten vorbereitet sind, braucht es nur 5 Minuten, den Auflauf zusammenzustellen. Nicole ist eine viel beschäftigte Mutter, also sind schnelle, gesunde Gerichte wie dieses besonders wichtig für sie. Nicole verkörpert bedingungslose Freundschaft und Liebe (Sie hat mir sogar beigebracht, Rosenkohl zu lieben!) und ich bin ihr für ihre Rolle beim Erfolg von Cali'flour Foods unendlich dankbar.

Anmerkung: Für diesen saftigen Auflauf braucht man zwei Portionen Salsa, einfachheitshalber kann auch gekaufte Salsa verwendet werden.

185 g gekochtes Hähnchen, zerzupft

400 g schwarze Bohnen (aus der Dose), abgeseiht und abgebraust

115 g grüne Chili (aus dem Glas), abgeseiht und gehackt

230 g Monterey-Jack-Käse (oder ein anderer milder Kuhmilchkäse), grob gerieben

720 ml grüne Salsa (Seite 46)

2 Blumenkohl-Pizzafladen (Seite 26)

1 Frühlingszwiebel (weißer und grüner Teil), geputzt, abgebraust und dünn aufgeschnitten

1 kleine Avocado, Fruchtfleisch aufgeschnitten

Den Backofen auf 190 °C Umluft vorheizen.

In einer großen Schüssel Hähnchenfleisch, Bohnen, Chili, 115 g Käse und 240 ml Salsa vermengen. 120 ml Salsa in eine runde Kuchenform (Ø 23 cm) streichen. Einen Fladen darüberlegen und an den Seiten leicht hochdrücken. Die Hähnchenmischung darüber verteilen und den zweiten Fladen darauflegen. Mit der restlichen Salsa bestreichen, dann den restlichen Käse sowie die Hälfte der Frühlingszwiebeln darüberstreuen. Die Form auf ein Backblech stellen und 30 Minuten – oder bis der Käse geschmolzen und leicht gebräunt ist und Blasen schlägt – backen. 10–15 Minuten abkühlen lassen, dann mit der Avocado und den restlichen Frühlingszwiebeln garnieren, aufschneiden und servieren.

Blumenkohlsteak mit gerösteten Blumenkohlblättern

FÜR 4 PERSONEN

GLUTENFREI

GETREIDEFREI

PALEO

LOW CARB

VEGAN

VEGETARISCH

O. MILCHPROD.

Wenn Sie das Verlangen nach gutem, einfachem Blumenkohl verspüren, gönnen Sie sich ein Blumenkohlsteak! Egal, ob in einer gusseisernen Pfanne gebraten oder über Kohle gegrillt: Mit gerösteten Blumenkohlblättern als Beilage ist der »Steak und Salat«-Liebling komplett. Ich schneide meinen Blumenkohl lieber horizontal als vertikal. So entstehen mehrere kleine Steaks mit einer rundherum blumigen Form. Je nach Blumenkohl unterscheiden sich die Menge und Textur der Blumenkohlblätter. Größere Blätter sollten in mundgerechte Stücke geschnitten werden. Als Sauce eignet sich zum Beispiel das Pesto auf Pflanzenbasis (Seite 50), die Béchamelsauce (Seite 44) oder die Marinara-Sauce (Seite 40).

1 großer Blumenkohl, Strunk entfernt, größere Blätter gehackt

3 EL natives Olivenöl extra

Meersalz

frisch gemahlener schwarzer Pfeffer

Gewürze oder Kräuter (z. B. gemahlene Kurkuma, Kreuzkümmel oder Selleriesamen)

Sauce (nach Belieben)

Den Backofen auf 205 °C Umluft vorheizen.

Die Blumenkohlblätter auf einem Backblech mit 1 EL Olivenöl überziehen. Mit Salz und Pfeffer würzen. Etwa 15 Minuten – oder bis die grünen Teile dunkel und knusprig geworden sind – rösten. Aus dem Ofen nehmen und die Temperatur auf 230 °C erhöhen. Das Backblech mit den Blättern beiseitestellen, während die Steaks zubereitet werden.

Ein weiteres Backblech 10 Minuten im Backofen aufwärmen. Dann mit 1 EL Olivenöl einfetten. Den Blumenkohl horizontal in 2 cm dicke Scheiden schneiden und auf das Backblech legen. Den Blumenkohl mit dem restlichen Olivenöl bestreichen. Mit Salz, Pfeffer und Gewürzen oder Kräutern nach Wahl würzen. Etwa 10 Minuten – oder bis die Unterseite der Steaks braun ist – rösten, dann wenden und weitere 10 Minuten – oder bis das Steak rundum gebräunt ist – rösten. Das Backblech mit den Blumenkohlblättern 2 Minuten zum Aufwärmen in den Backofen geben. Die Steaks mit den Blättern und einer Sauce nach Wahl servieren.

Leckerbissen

Partys sind eine meiner Leidenschaften – egal ob Krimidinner oder Mardi-Gras-Partys. Partysnacks spielen dementsprechend eine wesentliche Rolle in meiner Küche. Ich wollte nicht, dass mich meine Lupus-Erkrankung daran hindert, dieselben Leckerbissen wie meine Gäste zu genießen, deshalb bin ich kreativ geworden. Seither gibt es auf all meinen Feiern einen geheimen Gast. Sei es Popcorn, Hummus oder Nachos – Blumenkohl ist immer dabei!

Blumenkohl-Popcorn

FÜR 2 PERSONEN

GLUTENFREI

GETREIDEFREI

PALEO

LCHF

VEGAN

VEGETARISCH

O. MILCHPROD.

Diese salzigen, knusprigen Blumenkohlstückchen müssen sich nicht verkleiden, um Fans für sich zu gewinnen! Für maximale Knusprigkeit frisch aus dem Backofen genießen. Das Rezept kann ohne Probleme in größeren Mengen zubereitet werden – ideal für einen Filmabend!

1 kleiner Blumenkohl

3 EL natives Olivenöl extra

2 EL Nährhefe (Hefeflocken)

½ TL Knoblauchpulver

½ TL Meersalz

Den Backofen auf 245 °C Umluft vorheizen und ein Backblech mit Backpapier auslegen.

Den Blumenkohl durch den Strunk vierteln, dann den Strunk und die Blätter von jedem Viertel grob mit einem Schnitt entfernen. Den restlichen Strunk und die Blätter wegschneiden. Den Blumenkohl in etwa 5 cm große Röschen teilen und die Ästchen so nah wie möglich an den Röschen wegschneiden. Mit den Händen popcorngroße Stücke abbrechen und alle Ästchen entfernen.

Die Röschen in einem wiederverschließbaren Plastikbeutel mit dem Öl vermischen. In einer kleinen Schüssel Nährhefe, Knoblauchpulver und Salz vermischen. Die Mischung im Plastikbeutel mit den Röschen vermengen.

Den Blumenkohl als dünne Schicht auf dem vorbereiteten Backblech verteilen und 15–20 Minuten – oder bis er weich und gebräunt ist – rösten. Dabei einmal durchmischen. Aus dem Ofen nehmen und sofort servieren.

VARIATION

**Smoky Blumen-
kohl-Popcorn:** ¼ TL
*Chipotle-Chilipulver zur
Marinade geben.*

Neuer klassischer Hummus

ERGIBT ETWA 720 ML

GLUTENFREI

GETREIDEFREI

PALEO

LOW CARB

VEGAN

VEGETARISCH

O. MILCHPROD.

Hummus auf Höhenflug – gerösteter Blumenkohl statt Kichererbsen. Das traditionelle Tahini, die Zitrone, die Kräuter und die Gewürze verleihen dieser Version dennoch den beliebten, klassischen Geschmack von Hummus. Ideal als Sauce für eine improvisierte Pizza: Einfach Hummus, Salatgemüse, etwas Öl, einen Spritzer Zitronensaft und eine Prise Salz auf einem unserer Pizzafladen verteilen. Mit einem starken Standmixer wird der Hummus besonders cremig. Die Inspiration für dieses Rezept lieferten die vielen Hummus-Bowls, die ich mit Stephanie Galland, der Königin der Snacks, genossen habe.

130 g Cashewkerne

300 g Blumenkohlröschen (etwas 5 cm groß)

4 EL natives Olivenöl extra plus etwas zum Beträufeln

1 ¼ TL Meersalz (oder nach Geschmack)

180 ml Tahini (Sesampaste)

2 TL Abrieb von 1 unbehandelten Zitrone

60 ml frisch gepresster Zitronensaft (oder nach Geschmack)

3 Knoblauchzehen, abgezogen und gehackt

1 EL gemahlener Kreuzkümmel

¼ TL frisch gemahlener schwarzer Pfeffer (oder nach Geschmack)

¼ TL Cayennepfeffer

15 g frischer Koriander, gehackt, plus etwas zum Garnieren

Paprikapulver zum Garnieren

Die Cashewkerne in einer mittelgroßen Schüssel großzügig mit Wasser bedecken. Mit einem Geschirrtuch abdecken und mindestens 1 Stunde oder über Nacht ziehen lassen. Durch ein Sieb abseihen.

Den Backofen auf 230 °C Ober-/Unterhitze vorheizen und ein Backblech mit Backpapier auslegen.

Den Blumenkohl in einer großen Schüssel mit 1 EL Öl und ¼ TL Salz vermischen. Auf dem Backblech verteilen und im Ofen rösten, bis der Blumenkohl weich und gebräunt ist. Dabei ein- bis zweimal wenden.

In einer Küchenmaschine oder einem Standmixer Blumenkohl und Cashewkerne mit dem restlichen Öl, Tahini, 90 ml Wasser, Zitronenabrieb, Zitronensaft, Knoblauch, Kreuzkümmel, restlichem Salz, Pfeffer und Cayennepfeffer in 3–5 Minuten zu einer glatten Masse verarbeiten. Wenn nötig, die Masse von den Seiten schieben. Sollte sie zu dickflüssig sein, etwas Wasser hinzugeben. In einer Schüssel anrichten, mit Öl beträufeln, mit Koriander und Paprikapulver garnieren und servieren. Abgedeckt kann der Hummus im Kühlschrank bis zu 5 Tage aufbewahrt werden.

VARIATIONEN

Hummus mit Roter Bete und Balsamicoessig: *1 große geröstete und gehackte Rote Bete und einen Schuss guten Balsamico mitverarbeiten.*

Za'atar-Hummus: *Petersilie statt Koriander verwenden, 2 TL Za'atar mit verarbeiten und mit Za'atar garnieren.*

Rauchiger Auberginendip

ERGIBT ETWA 360 ML

Unter einem höllisch heißen Grill zerfällt das Fleisch ganzer Auberginen in cremigem Gehorsam und nimmt dabei eine unglaublich rauchige Note an, ohne zu verkohlen. Dieser Dip wird nur besser durch Blumenkohlbrösel und -chips. Verwenden Sie den Blumenkohl-Pizza-fladen auf Pflanzen-basis (Seite 28) für eine vegane beziehungsweise die Paleo-Version der Brösel und Chips. Der Dip ist auch in Sand-wiches, Panini, Wraps oder Quesadillas oder auf Pizzen (siehe Variation rechts) ausgezeichnet. Wenn Besuch kommt, können die Mengenan-gaben verdoppelt werden.

2 große Auberginen

2 EL natives Olivenöl extra

1 EL frisch gepresster Zitronensaft (oder nach Geschmack)

1 große Knoblauchzehe, abgezogen und durchgepresst

½ TL Meersalz (oder nach Geschmack)

½ TL frisch gemahlener schwarzer Pfeffer

1 Frühlingszwiebel (weißer und grüner Teil), geputzt, abgebraust und sehr dünn aufgeschnitten

2 EL fein gehackte rote Paprikaschote

3 EL Blumenkohlbrösel (Seite 35; optional)

Blumenkohlchips (Seite 34) zum Anrichten

Den Grill vorheizen und eine Grillpfanne mit Aluminium-folie auslegen.

Die Auberginen mit einem Schälmesser einige Male etwa 12 mm tief anstechen. In die vorbereitete Pfanne legen und 30–45 Minuten (Grills sind sehr unterschiedlich) – oder bis ihre Haut verbrannt und das Fleisch zusammengefallen ist – grillen. Dabei einmal wenden.

Auf einen Teller geben, die Haut aufbrechen, um den Dampf freizusetzen, und etwas abkühlen lassen. Das Fleisch von der Haut lösen und die Haut entsorgen. Das Frucht-fleisch klein schneiden und in einem Sieb über einer Schüssel etwa 1 Stunde abtropfen lassen.

Das Auberginenfleisch in einer mittelgroßen Schüssel in Olivenöl, Zitronensaft, Knoblauch, Salz und Pfeffer marinieren und 30 Minuten ziehen lassen. Dann in einer Schüssel mit Frühlingszwiebel-röllchen, Paprikastückchen und Blumenkohlbröseln (optional) anrichten. Mit den Blumenkohlchips servieren.

VARIATION

Dekonstruierte Rata-touille-Pizza: *120 ml Auberginendip auf einem gebackenen Pizzafladen ver-teilen. Eine kleine, in Scheiben geschnittene Tomate auf dem Fladen anrichten und eine in dünne Streifen geschnittene, geröstete rote Paprikaschote darüber verteilen. Bei 220 °C Ober-/Unterhitze 8–10 Minu-ten – oder bis die Pizza heiß ist – backen und mit 1 EL frisch zerzupften Basilikumblättern garnieren.*

GLUTENFREI

GETREIDEFREI

PALEO

LOW CARB

VEGAN

VEGETARISCH

O. MILCHPROD.

Rauchiger Auberginendip

Nachos mit Rind

FÜR 4 PERSONEN

Mein ältester Sohn James verabscheut Gemüse, aber er ist richtig süchtig nach Nachos – und am liebsten mag er Nachos mit Rind. Und jetzt, da es Blumenkohl-Nachos gibt, isst er sein Gemüse ganz ohne jammern! Die Salsa sollte etwas feuchter sein (einfach mehr Saft aus der Tomatendose angießen) als für Pizzen. Für einen Extrakick die Chips aus einem Fladen mit scharfer Jalapeño-Würzung (Seite 26) zubereiten. Die Nachos schmecken auch mit Schweine- oder Putenfleisch hervorragend.

GUACAMOLE

2 Avocados

½ kleine Tomate, abgebraust und gehackt (optional)

¼ kleine rote Zwiebel, abgezogen und fein gehackt

¼ TL Meersalz (oder nach Geschmack)

2 EL frisch gehackter Koriander

2 TL frisch gepresster Limettensaft (oder nach Geschmack)

NACHOS

½ Rezept Blumenkohlchips (Seite 34)

55 g Cheddar, geraspelt

60 g Rinderhackfleisch, gebraten

120 ml rote Salsa (Seite 45)

1 kleine Jalapeño-Chilischote, geputzt, abgebraust und aufgeschnitten (optional)

2 Frühlingszwiebeln (weißer und grüner Teil), geputzt, abgebraust und gehackt

1 EL frisch gehackter Koriander

2 EL Sauerrahm

FÜR DIE GUACAMOLE

Die Avocados halbieren und den Kern entfernen. Das Fruchtfleisch mit einem Löffel aus der Schale lösen und in einer mittelgroßen Schüssel mit der Rückseite einer Gabel zur gewünschten Konsistenz zerdrücken. Tomaten (optional), Zwiebeln, Salz und Koriander dazugeben. Den Limettensaft einrühren und die Guacamole eventuell mit mehr Salz oder Limettensaft abschmecken.

FÜR DIE NACHOS

Den Backofen auf 190 °C Umluft vorheizen.

Die Hälfte der Chips in eine mittelgroße gusseiserne Pfanne geben. 3 EL Cheddar darüberstreuen, dann 30 g Rindfleisch, 60 ml Salsa und die Hälfte der Chilischote (optional) darauf verteilen. Diesen Arbeitsschritt wiederholen und zuletzt den restlichen Käse darüberstreuen.

Im Ofen 10 Minuten – oder bis der Käse geschmolzen ist – backen. Mit Frühlingszwiebeln und Koriander garnieren. Den Sauerrahm mitten auf den Nachos und die Guacamole seitlich davon anrichten. Direkt aus der Pfanne servieren.

Buffalo-Blumenkohl

FÜR 4 PERSONEN

GLUTENFREI

GETREIDEFREI

LOW CARB

VEGETARISCH

Football ist sehr beliebt in meiner Heimatstadt Chico in Kalifornien, und wir sind stolz darauf, die Geburtsstadt von Aaron Rodgers, einem bekannten US-amerikanischen Quarterback, zu sein. Er war ein Schüler der Pleasant Valley High School, die auch meine Kinder besuchen. Super Bowl, das Finale der American-Football-Profiliga, ist die perfekte Gelegenheit, sich zu entspannen und diese gesunde Version eines klassischen amerikanischen Snacks zu genießen – Blumenkohl ganz ohne Frittieren.

BLUMENKOHL

85 g Mandelmehl

2 TL Knoblauchpulver

1 TL Zwiebelpulver

½ TL Meersalz

2 Eier (Größe L)

1 Blumenkohl (etwa 910 g)

natives Olivenöl extra zum Sprühen

BUFFALO-SAUCE

120 ml Chilisauce (z. B. von Frank's; online erhältlich)

2 EL gesalzene oder ungesalzene Butter

BLAUSCHIMMELKÄSE-DIP

70 g Blauschimmelkäse, zerbröselt

60 ml Sauerrahm

2 EL Buttermilch

2 EL Mayonnaise

2 EL Weißweinessig

1 Prise Meersalz

ZUM ANRICHTEN

Stangensellerie zum Dippen

FÜR DEN BLUMENKOHL

Den Backofen auf 230 °C Ober-/Unterhitze vorheizen und ein Backblech mit Backpapier auslegen. In einem wiederverschließbaren Plastikbeutel Mandelmehl, Knoblauchpulver, Zwiebelpulver und ¼ TL Salz vermischen. In einer großen Schüssel das restliche Salz mit den Eiern verquirlen.

Den Blumenkohl durch den Strunk vierteln, dann den Strunk und die Blätter von jedem Viertel grob mit einem Schnitt entfernen. Den restlichen Strunk und die Blätter wegschneiden. Den Blumenkohl in etwa 5 cm große Röschen teilen und gründlich mit der Eimischung überziehen. Zu den anderen Zutaten in den Plastikbeutel geben und alles gut durchschütteln.

Die Blumenkohlröschen mit etwas Abstand zueinander auf dem vorbereiteten Backblech verteilen und mit dem Öl besprühen. Im Ofen 20 Minuten backen. Wenden und weitere 10 Minuten backen.

FÜR DIE BUFFALO-SAUCE

Während der Blumenkohl im Ofen ist, die Sauce zubereiten: In einem kleinen Topf die Chilisauce und die Butter unter ständigem Rühren bei niedriger Temperatur erhitzen, bis die Butter geschmolzen ist.

FÜR DEN BLAUSCHIMMELKÄSE-DIP

Alle Zutaten in einer kleinen Schüssel mit einer Gabel gründlich verrühren.

ZUM ANRICHTEN

Den gerösteten Blumenkohl in eine Servierschüssel geben, die Buffalo-Sauce darübergießen und alles gründlich vermengen. Sofort mit dem Dip und den Selleriestangen servieren.

Pizza

mit

Gemüse

Früher war Pizza für mich gleichbedeutend mit Salami. Doch wir bemerkten schnell eine wachsende Nachfrage nach Gemüsepizzen. Auf dem Bauernmarkt in Chico boten wir blumenkohlige Salamipizzen, Käsepizzen und Pizzen mit leckerem Gemüse an. Am beliebtesten waren immer die mit dem meisten Gemüse. Viele suchen nach leckeren Gerichten, die ihrem gemüseorientierten Lebensstil entsprechen und mit saisonalen Zutaten zubereitet sind. Die Pizzen, die ich damals entwickelte – von meiner berühmten Wok-Pizza bis zur Pizza mit Käse-Sahne-Zoodles – dienten als Inspiration für die Gerichte dieses Kapitels.

Pizza Margherita

FÜR 3 PERSONEN

GLUTENFREI

GETREIDEFREI

LOW CARB

VEGETARISCH

Der Klassiker neu aufgelegt – für die stärksten Gelüste mit weniger Kohlenhydraten. Danke, du wunderbarer Blumenkohl! Wenn Sie 60-ml-Portionen der Marinara-Sauce im Tiefkühlfach haben, sind Sie jederzeit nur einen Schritt von einer Pizza Margherita entfernt.

1 Blumenkohl-Pizzafladen (Seite 26)

60 ml Marinara-Sauce (Seite 40)

55 g Mozzarella, in dünne Scheiben geschnitten

½ kleine bis mittelgroße Tomate, gewaschen und in dünne Scheiben geschnitten

frische Basilikumblätter

Den Backofen auf 220 °C Ober-/Unterhitze vorheizen. Ein Backblech mit Backpapier auslegen oder ein Pizzablech bereitstellen.

Den Fladen auf das vorbereitete Backblech legen und mit der Sauce bestreichen. Erst den Käse, dann die Tomatenscheiben darauf verteilen. Im Ofen 8–10 Minuten – oder bis der Käse geschmolzen ist – backen. Auf einen Servierteller geben, mit den Basilikumblättern garnieren, portionieren und servieren.

VARIATIONEN

Ricotta-Margherita: *Die Pizza mit 2 EL Ricotta verfeinern.*

Knoblauch-Margherita: *Noch vor der Marina-ra-Sauce 2 EL Creme aus geröstetem Knoblauch (Seite 51) auf dem Fladen verteilen.*

Pizza mit Blumenkohl auf zweierlei Art

FÜR 3 PERSONEN PLUS EXTRA KNOBLAUCH-BLUMENKOHL

GLUTENFREI

GETREIDEFREI

LCHF

VEGETARISCH

Eine meiner Lieblingssuperkräfte von Blumenkohl ist, dass er den Geschmack anderer Zutaten annimmt – in diesem Fall reichlich Knoblauch und Oregano. Diese Pizza ist für diejenigen, die Blumenkohl nicht verstecken möchten. Es bleibt genug Knoblauch-Blumenkohl übrig für eine weitere Pizza oder um daraus mit etwas Olivenöl und Zitronensaft eine leckere Sauce für getreidefreie Nudeln zu zaubern. In der richtigen Jahreszeit sind geviertelte Tomaten eine saftige, saure, optisch ansprechende Ergänzung.

KNOBLAUCH-BLUMENKOHL (ERGIBT ETWA 700 G)

2 EL natives Olivenöl extra

3 Knoblauchzehen, abgezogen und in Scheiben geschnitten

1 mittelgroßer Blumenkohl (etwa 1,2 kg), in Röschen geschnitten, Ästchen gehackt

½ TL Meersalz

1 TL getrockneter Oregano

3 EL geriebener Parmesan

PIZZA

1 Blumenkohl-Pizzafladen (Seite 26)

60 ml Pesto aus Blumenkohlblättern (Seite 48)

1 EL Pinienkerne, geröstet

1 EL geriebener Parmesan

rote Chiliflocken (optional)

1 Handvoll Erbsensprossen, junger Rucola oder Microgreens

1 TL natives Olivenöl extra

frisch gepresster Zitronensaft

FÜR DEN KNOBLAUCH-BLUMENKOHL

Olivenöl und Knoblauch in einer Sautépfanne bei niedriger Temperatur unter gelegentlichem Rühren etwa 5 Minuten – oder bis der Knoblauch leicht gebräunt ist – anschwitzen.

Die Temperatur etwas erhöhen und den Blumenkohl und das Salz dazugeben. Unter gelegentlichem Rühren abgedeckt 20 Minuten – oder bis der Blumenkohl weich ist, aber noch seine Form hält und nur leicht gebräunt ist – anbraten. Wenn er anfängt, am Boden der Pfanne kleben zu bleiben, etwas Wasser hinzugeben. Den Deckel zur Seite legen, den Oregano dazugeben und unter häufigem Rühren 5 Minuten weiterbraten. Den Käse einrühren und alles mit einem Kartoffelstampfer oder der Rückseite eines Holzkochlöffels zu einem groben Püree verarbeiten. Etwas abkühlen lassen.

FÜR DIE PIZZA

Den Backofen auf 220 °C Ober-/Unterhitze vorheizen. Ein Backblech mit Backpapier auslegen oder ein Pizzablech bereitstellen.

Den Fladen auf das vorbereitete Backblech legen und mit dem Pesto (wenn nötig, mit etwas Wasser verdünnen) bestreichen. 90 g Knoblauch-Blumenkohl darauf verteilen. Im Ofen 8–10 Minuten – oder bis alles heiß ist – backen. Aus dem Ofen nehmen, auf ein Schneidebrett geben und Pinienkerne, Käse und Chiliflocken (optional) darüberstreuen. Die Erbsensprossen darauf verteilen und die Pizza mit dem Öl und dem Zitronensaft beträufeln. Portionieren und servieren.

ALTERNATIV

Für eine vegane Version: *Den Blumenkohl-Pizzafladen auf Pflanzenbasis (Seite 28) und den Parmesan auf Pflanzen- basis (Seite 55) verwenden und das Pesto aus Blumenkohlblät- tern (Seite 48) durch das Pesto auf Pflanzenbasis (Seite 50) ersetzen.*

Pizza mit Zitronen-Brokkoli aus der Pfanne

FÜR 3 PERSONEN

GLUTENFREI

GETREIDEFREI

PALEO

LCHF

VEGAN

VEGETARISCH

O. MILCHPROD.

Genau wie mein ältester Sohn James mochte ich als Kind viele Gemüsesorten nicht. Eigentlich ernährte ich mich nur von Milchreis und Fischstäbchen, aber Brokkoli war eine Ausnahme. Ich mochte ihn damals und ich mag in heute. Aber wer würde denn mit Pesto überzogenen Brokkoli auf einer Pizza auch nicht mögen?

1 Blumenkohl-Pizzafladen auf Pflanzenbasis (Seite 28)

1 EL natives Olivenöl extra

140 g Brokkoliröschen (etwa 2,5 cm groß)

Meersalz

frisch gemahlener schwarzer Pfeffer

½ kleine unbehandelte Zitrone

60 ml Pesto auf Pflanzenbasis (Seite 50)

2 TL Parmesan auf Pflanzenbasis (Seite 55; optional)

1 Prise rote Chiliflocken (optional)

Den Backofen auf 220 °C Ober-/Unterhitze vorheizen. Ein Backblech mit Backpapier auslegen oder ein Pizzablech bereitstellen und den Fladen darauflegen.

In einer mittelgroßen Pfanne mit Deckel das Öl bei mittlerer bis hoher Temperatur erhitzen. Den Brokkoli gleichmäßig darin verteilen und mit $\frac{1}{8}$ TL Salz und einer Prise Pfeffer würzen. Die Zitronenhälfte mit der Schnittseite nach unten in die Pfanne legen. Abdecken und ungestört 2 Minuten – oder bis die Unterseite vom Brokkoli gebräunt ist und das Gemüse durch und durch knusprig-zart ist – anbraten. Vom Herd nehmen.

Das Pesto auf den Fladen streichen und den Brokkoli darüber verteilen. Im Ofen 8–10 Minuten – oder bis alles heiß ist – backen. Aus dem Ofen nehmen, auf ein Schneidebrett legen und den Käse und die Chiliflocken (optional) darüberstreuen. Die Zitronenhälfte über der Pizza ausdrücken. Mit einer Prise Salz und Pfeffer würzen, portionieren und servieren,

VARIATION

Pizza mit Brokkoli, Marinara-Sauce und Ricotta: *Marinara-Sauce (Seite 40) statt des Pestos verwenden und 1 EL Mandelricotta (Seite 58) auf der Pizza verteilen, sobald sie aus dem Ofen kommt.*

Detox-Pizza

FÜR 3 PERSONEN

GLUTENFREI

GETREIDEFREI

PALEO

LCHF

VEGAN

VEGETARISCH

O. MILCHPROD.

Shiitake-Pilze, Koriander und Brokkolisprossen sind Superfoods, die das Immunsystem stärken. Shiitake-Pilze bekämpfen Entzündungen, Tumoren, Herzleiden und Viren. Koriander kann sich an Schwermetalle in der Blutbahn binden, um sie aus dem Körper zu lösen. Brokkolisprossen helfen bei der Entgiftung von Belastungen durch die Umwelt. Mit diesen drei Zutaten ist der Pizza-Abend gleichzeitig ein Detox-Abend! Und noch ein Bonus: Löwenzahn-blätter geben der Leber einen Frühlingsputz, und Knoblauch ist genau das Richtige, um Erkältungen vorzubeugen und den gesamten Körper zu stärken.

1 Blumenkohl-Pizzafladen auf Pflanzenbasis (Seite 28)

4 Shiitake-Pilzköpfe, geputzt und sehr dünn aufgeschnitten

3 TL natives Olivenöl extra

2 Prisen Meersalzflocken

2 EL Creme aus geröstetem Knoblauch (Seite 51)

5 g Löwenzahnblätter

12 g Brokkolisprossen oder andere Sprossen

2 EL spiralisierte, gehobelte oder à la Julienne geschnittene Karotten

6 frische Korianderblätter, zerzupft

½ TL Abrieb von 1 unbehandelten Zitrone

frisch gepresster Zitronensaft

frisch gemahlener schwarzer Pfeffer

Den Backofen auf 220 °C Ober-/Unterhitze vorheizen. Ein Backblech mit Backpapier auslegen oder ein Pizzablech bereitstellen und den Fladen darauflegen.

Die Pilze in eine kleine Schüssel geben und vorsichtig 1 TL Öl und eine Prise Salz einmassieren, um sie etwas aufzuweichen.

Die Knoblauchcreme auf den Fladen streichen und die Pilze darauf verteilen. Im Ofen 8–10 Minuten – oder bis die Pizza heiß ist und die Pilze weich sind – backen. Aus dem Ofen nehmen, auf ein Schneidebrett legen, Löwen-zahnblätter, Sprossen, Karotten und Koriander auf der Pizza verteilen. Mit Zitronenabrieb, einem Spritzer Zitronensaft, Pfeffer und dem restlichen Salz würzen. Mit dem übrigen Öl beträufeln, portionieren und servieren.

Pizza mit Rosmarin-Röst-Kirschtomaten

FÜR 3 PERSONEN, PLUS EXTRA GERÖSTETE KIRSCHTOMATEN

GLUTENFREI

GETREIDEFREI

LCHF

VEGAN

VEGETARISCH

O. MILCHPROD.

Beim Rösten von Kirschtomaten wird der Geschmack der Tomaten konzentriert. Sie platzen auf und heraus kommt ihr süßsaurer Saft – der perfekte Pizzabelag. Eine Schicht weißer Bohnenaufstrich dient als cremige Proteinquelle und die zwei Käse auf Pflanzenbasis sind der krönende Abschluss.

GERÖSTETE KIRSCHTOMATEN (ERGIBT ETWA 350 G)

350 g Kirschtomaten

1 EL natives Olivenöl extra

¼ TL Rotweinessig

½ TL frisch gehackter Rosmarin

⅛ TL Meersalz

1 Prise frisch gemahlener schwarzer Pfeffer

PIZZA

1 Blumenkohl-Pizzafladen auf Pflanzenbasis (Seite 28)

75 ml weißer Bohnenaufstrich (Seite 54)

2 EL Mandelricotta (Seite 58)

1 TL Parmesan auf Pflanzenbasis (Seite 55)

½ TL frische Thymianblätter oder 3 frische Petersilienblätter, zerzupft

FÜR DIE GERÖSTETEN KIRSCHTOMATEN

Den Backofen auf 220 °C Ober-/Unterhitze vorheizen.

In einer mittelgroßen ofenfesten Pfanne die Tomaten mit dem Öl vermengen. Etwa 20 Minuten im vorgeheizten Backofen rösten. Dabei immer wieder umrühren und die Tomaten mit einem Holzkochlöffel sanft zerstoßen, damit sie zerfallen und der Saft etwas eindickt. Aus dem Ofen nehmen – den Ofen nicht ausschalten (siehe Pizza) –, in eine Schüssel geben und mit Essig, Rosmarin, Salz und Pfeffer würzen.

FÜR DIE PIZZA

Ein Backblech mit Backpapier auslegen oder ein Pizzablech bereitstellen und den Fladen darauflegen.

Den Bohnenaufstrich auf den Fladen streichen und 120 g geröstete Kirschtomaten – den Rest anderweitig verwenden – darauf verteilen. Im Ofen bei 220 °C Ober-/Unterhitze 8–10 Minuten – oder bis alles heiß ist – backen. Auf einen Servierteller geben, eine kleine Portion Mandelricotta auf der Pizza verteilen und den Parmesan sowie den Thymian darüberstreuen. Portionieren und servieren.

ALTERNATIV

Für eine Paleo-Version: *Den Bohnenaufstrich weglassen. Dafür doppelt so viele geröstete Kirschtomaten verwenden.*

Für eine vegetarische Version (im Gegensatz zu einer veganen): *Ricotta und Parmesan aus Milch verwenden.*

Pizza mit Tahini und Roter Bete

FÜR 3 PERSONEN

GLUTENFREI

GETREIDEFREI

PALEO

LOW CARB

VEGAN

VEGETARISCH

O. MILCHPROD.

Die grobe Textur von zerstoßener Roter Bete ist eine wunderbare Ergänzung zu den Zitrus- und Knoblauchnoten der Tahinisauce. Die Rote Bete kann auch durch Süßkartoffeln oder Karotten ersetzt werden. Wenn Sie Rote Bete mit Grün gekauft haben, schneiden Sie davon eine Handvoll à la Julienne, um die Pizza damit zu garnieren. Die Rote Bete lässt sich am besten noch warm direkt aus dem Ofen zerstoßen.

1 Blumenkohl-Pizzafladen auf Pflanzenbasis (Seite 28)

2 kleine Rote Bete, geröstet oder gegart (siehe unten)

60 ml cremige Tahinisauce (Seite 52)

2 TL frisch gehackte glatte Petersilie

1 Prise Meersalzflocken

frisch gepresster Limettensaft

Den Backofen auf 220 °C Ober-/Unterhitze vorheizen. Ein Backblech mit Backpapier auslegen und den Fladen darauflegen.

Die Rote Bete auf ein Schneidebrett legen und mit einem Kartoffelstampfer grob zerdrücken.

3 EL Tahinisauce auf den Fladen streichen und darüber die Rote Bete verteilen. Im Ofen 8–10 Minuten – oder bis alles heiß ist – backen. Aus dem Ofen nehmen, auf ein Schneidebrett legen und mit der restlichen Tahinisauce beträufeln. Mit Petersilie, Salz und Limettensaft verfeinern. Portionieren und servieren.

Exkurs: Rote Bete rösten oder garen

Das Grün der Roten Bete wegschneiden und die Knollen gründlich abreiben.

Rote Bete rösten: Die Knollen einzeln in Aluminiumfolie wickeln und in einem auf 190 °C Umluft vorgeheizten Backofen etwa 1 Stunde – oder bis ein dünnes Messer leicht in die Knolle gleitet – rösten. Etwas abkühlen lassen und mit den Fingern (dabei am besten Einmalhandschuhe tragen) oder einem Küchenpapier die Haut abziehen.

Rote Bete garen: Die Knollen in einen Dämpfkorb geben, der in einem mit etwa 2,5 cm Wasser gefüllten Topf sitzt. Abdecken und bei hoher Temperatur aufkochen, dann auf mittlere Temperatur reduzieren und 35–40 Minuten – oder bis ein dünnes Messer leicht in die Knolle gleitet – dämpfen. Etwas abkühlen lassen und mit den Fingern (dabei am besten Einmalhandschuhe tragen) oder einem Küchenpapier die Haut abziehen.

VARIATION

Pizza mit Goldener Bete und pinken Pfefferkörnern: *Statt Roter Bete die gelbe Variante verwenden. Die Pizza mit einem Schuss Balsamicoessig und ½ TL zerstoßenen pinken Pfefferkörnern verfeinern.*

Pizza mit Avocado und roter Salsa

FÜR 3 PERSONEN

GLUTENFREI

GETREIDEFREI

PALEO

LCHF

VEGAN

VEGETARISCH

O. MILCHPROD.

Meine Guacamole und Salsa quellen über vor frischen, reinen Geschmacksnoten und Jalapeño für den Extrakick. Um noch einen draufzusetzen, verwenden Sie einen Fladen mit scharfer Jalapeño-Würzung (Seite 26).

1 Blumenkohl-Pizzafladen auf Pflanzenbasis (Seite 28), ein paar Minuten länger gebacken als im Rezept angegeben

120 ml rote Salsa (Seite 45)

½ Avocado, Fruchtfleisch in Scheiben geschnitten

½ kleine Jalapeño-Chilischote, geputzt, gewaschen, halbiert und klein geschnitten

frisch gepresster Limettensaft

1 Handvoll frische Korianderblätter

1 Prise Meersalzflocken

Den Fladen mit der Salsa bestreichen und die Avocado darauf verteilen. Die Jalapeño darüberstreuen. Mit etwas Limettensaft beträufeln und mit Korianderblättern und Salz verfeinern. Portionieren und servieren.

ALTERNATIV

Für eine vegetarische Version (im Gegensatz zu einer veganen): *Einen Blumenkohl-Pizzafladen (Seite 26) verwenden und 2 EL geriebenen Cotija- oder Feta-Käse auf der Pizza verteilen.*

VARIATION

Pizza mit Avocado und grüner Salsa: *Statt roter einfach grüne Salsa (Seite 46) verwenden.*

Käsepizza nach mexikanischer Art

FÜR 3 PERSONEN

GLUTENFREI

GETREIDEFREI

LCHF

VEGETARISCH

Dieses Streetfood in Pizzaform ist einfach, aber aufregend. Hier treffen verschiedenste Aromen und Texturen aufeinander – von rauchigen Noten bis zu Zitrusnoten und von cremig bis zu käsig. Der traditionelle Mais wird durch Zucchini ersetzt, damit diese Pizza auch in einen Paleo-Ernährungsplan passt. Wer es gern scharf hat, verwendet einen Fladen mit scharfer Jalapeño-Würzung (Seite 26).

1 Blumenkohl-Pizzafladen (Seite 26)

40 g Zucchini, in 6 mm große Würfel geschnitten

2 EL Mayonnaise

1 Knoblauchzehe, abgezogen und durchgepresst

1 große Prise Meersalz

3 EL fein zerbröselter Cotjia- oder Feta-Käse

1 EL sehr dünn aufgeschnittene rote Zwiebel

⅛ TL Cayennepfeffer (optional)

⅛ TL gemahlener Kreuzkümmel

1 TL fein gehackte rote Chilischote

1 Handvoll frische Korianderblätter

frisch gepresster Limettensaft

Den Backofen auf 220 °C Ober-/Unterhitze vorheizen. Ein Backblech mit Backpapier auslegen oder ein Pizzablech bereitstellen und den Fladen darauflegen.

Eine große Pfanne, vorzugsweise aus Gusseisen, bei mittlerer bis hoher Temperatur erhitzen. Die Zucchini darin 4–5 Minuten – oder bis sie stellenweise gebräunt ist – anbraten. Auf einem Teller zur Seite stellen und abkühlen lassen.

In einer kleinen Schüssel die Mayonnaise mit Knoblauch und Salz verquirlen. Diese Mischung auf den Fladen streichen. 2 EL Käse, Zucchini und Zwiebeln darüberstreuen und im Ofen 8 Minuten – oder bis der Käse größtenteils geschmolzen ist – backen. Auf einen Servierteller geben und restlichen Käse, Cayennepfeffer (optional) und Kreuzkümmel darüberstreuen. Mit gehackter Chili und Korianderblättern garnieren, mit etwas Limettensaft beträufeln, portionieren und servieren.

ALTERNATIV

Für eine vegane Version: *Einen Blumenkohl-Pizzafladen auf Pflanzenbasis (Seite 28) und vegane Mayonnaise verwenden. Den Feta durch Parmesan auf Pflanzenbasis (Seite 55) ersetzen.*

Pizza mit Käse-Sahne-Zoodles

FÜR 3 PERSONEN

GLUTENFREI

GETREIDEFREI

PALEO

LOW CARB

VEGAN

VEGETARISCH

O. MILCHPROD.

Als ich anfing, meine Pizzafladen auf dem Bauernmarkt in Chico zu verkaufen, hatte ich auch Zucchininudeln – bekannt als Zoodles – im Angebot. Damals waren spiralisierte Zucchini noch nicht in aller Munde. Als es Zeit wurde, den nächsten Schritt zu gehen, musste ich mich zwischen den Zoodles und der Blumen-kohlpizza entscheiden, da ich weder genug Geld noch die Ausstattung oder das Personal hatte, um beides weiterzuent-wickeln. Kurz nachdem ich Cali'flour Foods gegründet hatte, boom-ten Zoodles, aber unsere Pizzen können mithalten! Ich liebe es noch immer, Zucchini zu spiralisieren, und in dieser Pizza ohne Milchprodukte habe ich meine zwei Gemüselieben und meine blumenkohlige Version der Käse-Sahne-Sauce vereint.

1 kleine Zucchini (oder 150 g fertige Zoodles), spiralisiert

120 ml Béchamelsauce (Seite 44)

1 Blumenkohl-Pizzafladen auf Pflanzenbasis (Seite 28), ein paar Minuten länger gebacken als im Rezept angegeben

2 TL Parmesan auf Pflanzenbasis (Seite 55)

½ TL Knoblauchflocken (optional)

rote Chiliflocken (optional)

Eine kleine Pfanne bei mitt-lerer bis hoher Temperatur erhitzen. Die Zucchininudeln darin etwa 2 Minuten – oder bis sie etwas weich geworden sind – anbraten. Die Bécha-melsauce dazugeben und gut verrühren, sodass auch die Sauce warm ist. Die Zucchini-nudeln und die Sauce auf dem Fladen verteilen. Käse, Knob-lauchflocken und Chiliflocken (optional) darüber verteilen. Portionieren und servieren.

Pizza mit Spinat- und Artischockendip

FÜR 3 PERSONEN

GLUTENFREI

GETREIDEFREI

LCHF

VEGETARISCH

Jedes Weihnachten und Ostern macht meine Mutter einen Dip mit Spinat und Artischocken. Da ich ihn nicht mehr mit Brot genießen kann, ist jetzt diese Pizza ohne Gluten das Gericht, das mich in Festtagsstimmung bringt!

1 Blumenkohl-Pizzafladen (Seite 26)

10 g Babyspinat, abgebraust

40 g Artischockenherzen, geviertelt

30 g Mozzarella, gerieben

1 EL Sauerrahm

1 ½ TL weicher Frischkäse

1 TL Mayonnaise

½ TL rote Chiliflocken

Den Backofen auf 220 °C Ober-/Unterhitze vorheizen. Ein Backblech mit Backpapier auslegen oder ein Pizzablech bereitstellen und den Fladen darauflegen.

In einer mittelgroßen Schüssel Spinat, geviertelte Artischockenherzen, 2 EL Mozzarella, Sauerrahm, Frischkäse und Mayonnaise gründlich verrühren. Die Mischung auf den Fladen streichen und den restlichen Mozzarella darüber verteilen. Im Ofen 8–10 Minuten – oder bis der Käse geschmolzen ist – backen. Aus dem Ofen nehmen, auf ein Schneidebrett geben und die roten Chiliflocken über die Pizza streuen. Portionieren und servieren.

Pizza mit Wok-Gemüse

FÜR 3 PERSONEN

GLUTENFREI

GETREIDEFREI

LOW CARB

VEGETARISCH

In der Anfangszeit von Cali'flour Foods boten wir auf dem Bauernmarkt in Chico immer eine Pizza mit Wok-Gemüse an. Unsere Kunden konnten nicht genug davon bekommen! Das Gemüse wird hauchdünn geschnitten, sodass es nicht einmal angebraten werden muss, sondern direkt auf dieser superschnellen Pizza durchgart. Experimentieren Sie mit unterschiedlichen Gemüsesorten vom Bauernmarkt oder aus Ihrem Garten!

1 Blumenkohl-Pizzafladen (Seite 26)

2 EL Creme aus geröstetem Knoblauch (Seite 51; optional)

60 ml Marinara-Sauce (Seite 40)

30 g Mozzarella, geraspelt

¼ kleine Zucchini, geputzt, gewaschen, sehr dünn und halbmondförmig geschnitten

1 kleiner weißer Champignon, geputzt und sehr dünn geschnitten

3 EL sehr dünn geschnittene weiße Zwiebel

20 g sehr kleine Brokkoliröschen

natives Olivenöl extra oder Kokosöl zum Sprühen

⅛ TL Meersalzflocken

1 Prise frisch gemahlener schwarzer Pfeffer

Knoblauchflocken (optional)

Den Backofen auf 220 °C Ober-/Unterhitze vorheizen. Ein Backblech mit Backpapier auslegen oder ein Pizzablech bereitstellen und den Fladen darauflegen.

Die Knoblauchcreme (optional) gefolgt von der Marinara-Sauce auf den Fladen streichen. Den Käse darüberstreuen. Dann Zucchini- und Champignonscheibchen, Zwiebeln und Brokkoli darauf verteilen. Etwas Öl darübersprühen. Im Ofen 8–10 Minuten – oder bis alles heiß ist – backen. Aus dem Ofen nehmen, auf ein Schneidebrett geben und mit Salz, Pfeffer und Knoblauchflocken (optional) würzen. Portionieren und servieren.

Pizza

mit

Fleisch

Wenn es bei Ihnen zu Hause jemanden gibt, der kein Gemüse isst (Ja, das gibt es!), dann ist dieses Kapitel genau das Richtige für Sie. Ich bin kein Fan davon, die Liebsten hinters Licht zu führen – aber wenn niemand fragt, warum sollte man dann ein leckeres Pizza-Erlebnis verderben?

Salamipizza

FÜR 3 PERSONEN

GLUTENFREI

GETREIDEFREI

LCHF

Der magische Geschmack von Salami, roter Sauce und Käse auf einem Blumenkohlfladen ist einzigartig. Meine Jungs würden diese Pizza liebend gern jeden Tag essen – und sie ist eine der Lieblingsspeisen des sechsjährigen Gavin, der sich nach seiner Gehirntumordiagnose an eine extreme Low-Carb-Ernährung mit nur 10 g Kohlenhydraten täglich gewöhnen musste. Diese Pizza ist so kohlenhydratarm, dass Gavin endlich wieder wie jeder andere kleine Junge Pizza genießen kann. Achten Sie darauf, dass Ihre Salami auch Ihrer Ernährungsphilosophie entspricht, also bio, frei von Nitraten und glutenfrei ist!

1 Blumenkohl-Pizzafladen (Seite 26)

60 ml Marinara-Sauce (Seite 40)

30 g Salamischeiben

30 g Mozzarella, geraspelt

1 EL frisch gehackte Basilikum- oder Petersilienblätter

rote Chiliflocken (optional)

Den Backofen auf 220 °C Ober-/Unterhitze vorheizen. Ein Backblech mit Backpapier auslegen oder ein Pizzablech bereitstellen und den Fladen darauflegen.

Die Marinara-Sauce auf den Fladen streichen und die Salamischeiben darauf verteilen. Den Käse darüberstreuen und auch die Salamischeiben damit bedecken, damit sich ihre Ränder beim Backen nicht nach oben wölben. Im Ofen 8–10 Minuten – oder bis der Käse geschmolzen ist – backen. Aus dem Ofen nehmen, auf ein Schneidebrett geben und mit Basilikum und Chiliflocken (optional) garnieren. Portionieren und servieren.

VARIATION

Geflügelsalami-Pizza:
*Geflügelsalami statt
Salami vom Schwein
verwenden.*

Pizza für Fleischliebhaber

FÜR 3 PERSONEN

GLUTENFREI

GETREIDEFREI

PALEO *

LOW CARB

O. MILCHPROD.

* wenn in der Sauce bolognese kein Wein verwendet wird

Immer wieder hören wir Berichte über Partner, die sich weigern, Gemüse zu essen, aber von dieser Pizza nicht genug bekommen können. Wenn Sie Milchprodukte essen, streuen Sie etwas Mozzarella über dieses Pizzafest.

1 Paleo-Blumenkohl-Pizzafladen (Seite 29)

120 ml schnelle Sauce bolognese (Seite 42)

2 Streifen Speck, angebraten und zerbröselt

30 g Hartwurst, in dünne Scheiben geschnitten und scharf angebraten

rote Chiliflocken (optional)

frisch gehackter Oregano und/oder frisch gehackte Petersilie zum Garnieren

Den Backofen auf 220 °C Ober-/Unterhitze vorheizen. Ein Backblech mit Backpapier auslegen oder ein Pizzablech bereitstellen und den Fladen darauflegen.

Die Sauce bolognese auf den Fladen streichen und den Speck und die Wurstscheiben darauf verteilen. Die Chiliflocken (optional) darüberstreuen. Im Ofen 8–10 Minuten – oder bis alles heiß ist – backen. Aus dem Ofen nehmen, auf einen Servierteller geben und mit Oregano oder Petersilie garnieren. Portionieren und servieren.

ALTERNATIV

Für eine Low-Carb-High-Fat-Version: *Einen Blumenkohl-Pizzafladen (Seite 26) verwenden.*

Pizza Hawaii

FÜR 3 PERSONEN

GLUTENFREI

GETREIDEFREI

LOW CARB

Das Zusammenspiel von süß und salzig macht die Pizza Hawaii zu meiner absoluten Lieblingspizza und 24 Millionen Australier stimmen mir zu, da sie die beliebteste Pizza in Down Under ist. Fun Fact: Die Pizza wurde von einem Griechen – Sam Panopoulos –, der eine Pizzeria in Kanada führte, erfunden! Für ein Gemüsehighlight dünn aufgeschnittene Paprika oder Pilze oder für einen Fleischkick zusätzlich Salami auf der Pizza verteilen. Ein Fladen mit scharfer Jalapeño-Würzung (Seite 26) verleiht dieser Pizza zusätzliches Feuer.

1 Blumenkohl-Pizzafladen (Seite 26)

60 ml Marinara-Sauce (Seite 40)

40 g frische Ananas, geschält und in 6 mm große Würfel geschnitten

28 g Schinken, dünn aufgeschnitten und zerzupft

30 g Mozzarella, geraspelt

rote Chiliflocken (optional)

Den Backofen auf 220 °C Ober-/Unterhitze vorheizen. Ein Backblech mit Backpapier auslegen oder ein Pizzablech bereitstellen und den Fladen darauflegen.

Die Marinara-Sauce auf den Fladen streichen. Ananas und Schinken darauf verteilen. Den Käse darüberstreuen. Im Ofen 8–10 Minuten – oder bis der Käse geschmolzen ist – backen. Aus dem Ofen nehmen, auf ein Schneidebrett geben, mit den Chiliflocken (optional) garnieren, portionieren und servieren.

Pizza mit Tandoori-Hähnchen

FÜR 3 PERSONEN PLUS EXTRA HÄHNCHEN À LA TANDOORI

GLUTENFREI

GETREIDEFREI

LOW CARB

Das Geheimnis für ein leckeres Tandoori-Hähnchen ist, das Fleisch 3–4 Stunden in Joghurt zu marinieren, bevor es im Tandur, einem Lehmofen, zubereitet wird. Die meisten von uns haben zu Hause wohl keinen Platz für einen Tandur, deshalb teilt Koch Nash Patel vom Food-Truck »Dosa Kitchen« in Vermont hier sein für westliche Küchen geeignetes Rezept mit uns. Das Fleisch wird nicht so hellrot wie in indischen Restaurants, da es nicht mit Lebensmittelfarbe, sondern nur durch Cayennepfeffer, Paprikapulver und Kurkuma gefärbt wird. Für die Pizza wird nur ein Viertel benötigt – den Rest einfach auf weiteren Pizzen oder mit Blumenkohlreis (Seite 36) genießen. Die Gewürze für dieses Rezept sind in den meisten Supermärkten, indischen Feinkostläden oder online erhältlich.

TANDOORI-HÄHNCHEN

- 340 g Hähnchenschenkel ohne Haut und Knochen, in 12 mm große Stücke geschnitten
- 60 ml griechischer Naturjoghurt (10 % Fett)
- 1 TL sehr fein gehackter frischer Ingwer
- 1 Knoblauchzehe, abgezogen und sehr fein gehackt
- 1 EL gemahlener Koriander
- 1 TL gemahlener Kreuzkümmel
- ½ TL Cayennepfeffer
- ½ TL Paprikapulver
- ½ TL gemahlene Kurkuma
- ¼ TL Garam Masala
- ¾ TL Meersalz
- 1 EL Ghee

PIZZA

- 1 Blumenkohl-Pizzafladen (Seite 26)
- 60 ml Marinara-Sauce (Seite 40)
- 30 g Mozzarella, geraspelt
- 1 grüne Chilischote, geputzt, abgebraust und in dünne Scheiben geschnitten (optional)

FÜR DAS TANDOORI-HÄHNCHEN

Das Hähnchenfleisch in ein mittelgroßes Gefäß geben. Den Joghurt in einer kleinen Schüssel mit Ingwer, Knoblauch, Koriander, Kreuzkümmel, Cayennepfeffer, Paprikapulver, gemahlener Kurkuma, Garam Masala und Salz verquirlen. Den gewürzten Joghurt zum Hähnchenfleisch geben und alles gründlich vermengen. Abdecken und im Kühlschrank 3–4 Stunden ziehen lassen.

Den Backofen auf 220 °C Ober-/Unterhitze vorheizen und ein Backblech mit Backpapier auslegen.

Das Hähnchenfleisch auf dem Backblech verteilen. Im Ofen etwa 15 Minuten rösten, dann mit Ghee bestreichen und 10 Minuten weiterrösten. Aus dem Ofen nehmen und den Backofen anlassen.

FÜR DIE PIZZA

Ein weiteres Backblech mit Backpapier auslegen und den Fladen darauflegen.

Die Marinara-Sauce auf dem Fladen verteilen und 20 g Hähnchen auf die Sauce geben. Den Käse und die Chilischeiben (optional) darüberstreuen. Im Ofen 8–10 Minuten backen. Aus dem Ofen nehmen, portionieren und servieren.

Antipasti-Pizza mit Dijon-Mayonnaise

FÜR 3 PERSONEN

GLUTENFREI

GETREIDEFREI

LCHF

Nur ein paar Zutaten, nur ein paar Minuten – und diese Pizza ist ein Gedicht. Die Senf-Mayonnaise bildet einen cremig-würzigen Kontrast zum Umami-reichen Belag. Experimentieren Sie mit allen möglichen Antipasti-Zutaten wie Salami, Mozzarella, eingelegte Peperoni oder marinierte Artischockenherzen! Für dieses Rezept empfehle ich einen Fladen mit italienischer Würzung (Seite 26).

- 2 EL Dijonsenf
- 2 EL Mayonnaise
- 1 Blumenkohl-Pizzafladen (Seite 26), ein paar Minuten länger gebacken als im Rezept angegeben
- 2 dünne Scheiben Prosciutto crudo (etwa 28 g), zerzupft
- 28 g Pecorino, gehobelt
- 5 frische Feigen, halbiert (optional)
- 1 gehäufter EL gemischte Oliven ohne Stein, in Scheiben geschnitten (optional)
- 4 große frische Basilikumblätter, zerzupft

In einer kleinen Schüssel den Senf mit der Mayonnaise verquirlen. Die Senf-Mayonnaise auf dem Fladen verteilen und dann den Pizzafladen mit den restlichen Zutaten belegen. Portionieren und servieren.

Bolognese-Pizza mit Fenchel, Zwiebel und Paprika

FÜR 3 PERSONEN

GLUTENFREI

GETREIDEFREI

PALEO *

LOW CARB

O. MILCHPROD.

* wenn in der Sauce bolognese kein Wein verwendet wird

Fenchel ist gut für die Verdauung, bekannt dafür, Entzündungen zu reduzieren, und verleiht dieser Fleischpizza eine süße Anisnote. Bei noch mehr Lust auf Fleisch etwas knusprigen Speck über die Pizza streuen.

1 Paleo-Blumenkohl-Pizzafladen (Seite 29)

120 ml schnelle Sauce bolognese (Seite 42)

25 g orange, rote oder gelbe Paprikaschote, geputzt, gewaschen und sehr dünn geschnitten

20 g Fenchel, geputzt, sehr dünn geschnitten, Fenchelgrün beiseitegestellt

2 EL sehr dünn geschnittene weiße Zwiebel

natives Olivenöl extra zum Sprühen

2 EL Parmesan auf Pflanzenbasis (Seite 55)

Den Backofen auf 220 °C Ober-/Unterhitze vorheizen. Ein Backblech mit Backpapier auslegen oder ein Pizzablech bereitstellen und den Fladen darauflegen.

Die Sauce bolognese auf den Fladen streichen. Paprika, Fenchel und Zwiebeln darauf verteilen und das Gemüse mit etwas Olivenöl besprühen. Im Ofen 8–10 Minuten – oder bis alles heiß ist – backen. Aus dem Ofen nehmen, auf ein Schneidebrett geben und Käse darüberstreuen. Portionieren und servieren.

Cheeseburger-Pizza

FÜR 3 PERSONEN

GLUTENFREI

GETREIDEFREI

LOW CARB

Essiggurken auf einer Pizza? Ja, klar! Wenn man Burger liebt, hat man die meisten Zutaten sowieso zu Hause – einfach das Brötchen weglassen. Besonders gesund ist dieser »Burger«, wenn Ketchup und Senf ohne Zucker sowie natürlich gegorene Essiggurken verwendet werden. Als wahre Krönung die Mayonnaise aus einer Drückflasche über die Pizza spritzen. Diese Pizza wurde durch ein Rezept inspiriert, das Guy Fieri, Moderator der Show »Diners, Drive-ins and Dives«, auf seiner kulinarischen Reise durch Nordamerika entdeckte.

TIPP

Den Fladen einige Minuten vorbacken, damit er knusprig genug für den saftigen Belag ist.

1 Blumenkohl-Pizzafladen (Seite 26)

115 g Rinderhackfleisch

⅛ TL Meersalz

2 EL Ketchup

1 EL Senf

30 g Cheddar, geraspelt

½ kleine Essiggurke, in Scheibchen geschnitten

2 EL klein geschnittene rote Zwiebel

1 EL Mayonnaise

15 g Römersalatherzen, gewaschen und klein geschnitten

Den Backofen auf 220 °C Ober-/Unterhitze vorheizen. Ein Backblech mit Backpapier auslegen oder ein Pizzablech bereitstellen und den Fladen darauflegen.

In einer mittelgroßen Pfanne das Rinderhackfleisch bei mittlerer bis hoher Temperatur etwa 7 Minuten – oder bis es nicht mehr rosa ist – anbraten. Beim Umrühren das Fleisch etwas zerteilen. Das überschüssige Fett abgießen, mit Salz würzen und etwas abkühlen lassen.

In einer kleinen Schüssel den Ketchup mit dem Senf verquirlen.

Die Ketchup-Senf-Mischung auf den Fladen streichen, das Rindfleisch darauf verteilen und den Käse darüberstreuen. Im Ofen 8–10 Minuten – oder bis der Käse geschmolzen ist – backen. Aus dem Ofen nehmen, auf ein Schneidebrett geben, mit Essiggurke und roten Zwiebeln garnieren. Abschließend erst die Mayonnaise, dann den Salat darüber verteilen. Portionieren und servieren.

Barbecue-Pizza

FÜR 3 PERSONEN

GLUTENFREI

GETREIDEFREI

PALEO

O. MILCHPROD.

Da ich das Zusammenspiel von salzig und süß so liebe, bin ich verrückt nach diese Barbecue-Pizza mit Schweinefleisch. Gekrönt wird die Pizza von einem Fenchel-Slaw, einem erfrischenden Fenchelsalat, den Sie, während die Pizza im Ofen ist, zubereiten können und erst kurz vor dem Servieren auf die Pizza geben. Es bleibt genug Barbecue-Sauce für viele weitere Pizzen übrig. Oder frieren Sie die Sauce auf Vorrat ein.

PIZZA

1 Blumenkohl-Pizzafladen (Seite 26)

60 ml Barbecue-Sauce plus 1 EL (siehe rechts)

100 g Schweinefleisch, gebraten und zerzupft

2 EL sehr fein gehackte frische glatte Petersilie

FENCHEL-SLAW

20 g Fenchel, geputzt und sehr dünn geschnitten

1 EL geriebene Karotte

2 TL Mayonnaise

1 TL frisch gehackte glatte Petersilie

⅛ TL Meersalz

FÜR DIE PIZZA

Den Backofen auf 220 °C Ober-/Unterhitze vorheizen. Ein Backblech mit Backpapier auslegen oder ein Pizzablech bereitstellen und den Fladen darauflegen.

60 ml Barbecue-Sauce auf den Fladen streichen. In einer kleinen Schüssel 1 EL Barbecue-Sauce mit dem Schweinefleisch vermengen. Das Schweinefleisch auf der Pizza verteilen. Im Ofen 8–10 Minuten – oder bis alles heiß ist – backen.

FÜR DEN FENCHEL-SLAW

Während die Pizza im Backofen ist, den Fenchel-Slaw zubereiten: In einer kleinen Schüssel Fenchel und Karotten mit der Mayonnaise vermischen. Dann Petersilie und Salz einrühren.

Die Pizza aus dem Ofen nehmen, auf ein Schneidebrett geben, den Fenchel-Slaw darauf verteilen und mit der sehr fein gehackten Petersilie garnieren. Portionieren und servieren.

Barbecue-Sauce

ERGIBT ETWA 360 ML

2 EL natives Olivenöl extra

2 Knoblauchzehen, abgezogen und sehr fein gehackt

1 TL Chilipulver

240 ml Ketchup

3 EL Melasse

2 EL Kokosblütenzucker

2 EL Apfelessig

2 EL Worcestershiresauce

2 EL Dijonsenf

1 EL Chilisauce

In einer mittelgroßen Pfanne das Öl bei mittlerer Temperatur erhitzen. Den Knoblauch darin 30 Sekunden anschwitzen. Das Chilipulver dazugeben und weitere 30 Sekunden anschwitzen. Dann Ketchup, Melasse, Kokosblütenzucker, Apfelessig, Worchestershiresauce, Dijonsenf und Chilisauce in die Pfanne geben. Zum Köcheln bringen und dann die Temperatur etwas reduzieren. Unabgedeckt etwa 20 Minuten – oder bis die Sauce dickflüssig geworden ist – köcheln lassen. Vor dem Verwenden komplett abkühlen lassen. Die Sauce kann abgedeckt bis zu 1 Woche im Kühlschrank aufbewahrt werden.

Pizza mit Schweinefleisch thailändische Art

FÜR 3 PERSONEN

GLUTENFREI

GETREIDEFREI

LOW CARB

In meinen Dreißigern lernte ich den Geschmack thailändischer Gerichte lieben. Paleo-Guru Robb Wolfe und seine Ehefrau Nicki Violetti führten ein Cross-Fit-Center in meiner Heimatstadt Chico. Robb schlug vor, dass wir in sein Lieblings-Thai-Restaurant gehen sollten, das ein Paleo-freundliches Menü anbot. Es hat mich sofort überzeugt! Der Schuss Limettensaft und die Fischsauce verleihen dem Schweinefleisch den charakteristischen thailändischen Geschmack und die Kräuter runden es erfrischend ab. Chili-Knoblauch-Sauce ist in asiatischen Feinkostläden und einigen Supermärkten erhältlich. Alternativ kann Srirachasauce verwendet werden. Dieses Gericht schmeckt auch mit Hähnchen, Rind oder Pute hervorragend.

1 Blumenkohl-Pizzafladen (Seite 26)

1 ½ EL Chili-Knoblauch-Sauce

100 g Schweinefleisch, gebraten und zerzupft

1 TL frisch gepresster Limettensaft

1 TL Fischsauce

30 g Mozzarella, geraspelt

2 EL fein geschnittene rote Zwiebeln

8 g kleine frische Thai-Basilikumblätter und Minzeblätter (größere Blätter zerzupfen)

Den Backofen auf 220 °C Ober-/Unterhitze vorheizen. Ein Backblech mit Backpapier auslegen oder ein Pizzablech bereitstellen und den Fladen darauflegen.

Die Chili-Knoblauch-Sauce auf den Fladen streichen. In einer kleinen Schüssel das Schweinefleisch mit Limettensaft und Fischsauce marinieren. Mit dem Käse vermengen. Dann die Mischung gleichmäßig auf dem Fladen verteilen. Im Ofen 8–10 Minuten – oder bis der Käse geschmolzen ist – backen. Aus dem Ofen nehmen, auf ein Schneidebrett geben und mit Zwiebelscheiben und Kräutern garnieren. Portionieren und servieren.

Pizza mit Spargel, Prosciutto und Parmesan

FÜR 3 PERSONEN

GLUTENFREI

GETREIDEFREI

LOW CARB

Ich liebe gegrillten Spargel, aber für den schnellen Pizzagenuss unter der Woche verzichte ich auf das Grillen. Stattdessen hoble ich den Spargel, damit er köstlich mit dem Käse und dem Fladen verschmilzt.

1 Blumenkohl-Pizzafladen (Seite 26)

1 EL körniger Senf

4 Stangen grüner Spargel, im unteren Drittel geschält

½ TL natives Olivenöl extra

1 Prise Meersalz

25 g Fontina, geraspelt

2 EL Ricotta

1 EL fein geriebener Parmesan

2 Scheiben Prosciutto crudo (etwa 28 g), in große Stücke zerzupft

grob gemahlener schwarzer Pfeffer

Den Backofen auf 220 °C Ober-/Unterhitze vorheizen. Ein Backblech mit Backpapier auslegen oder ein Pizzablech bereitstellen und den Fladen darauflegen.

Den Senf auf den Fladen streichen. Den Spargel mit einem Gemüseschäler in Streifen hobeln. Die Spargelstreifen in einer mittelgroßen Schüssel mit Olivenöl beträufeln und mit Salz würzen. Gründlich vermengen. Fontina, Ricotta und Parmesan zufügen und vermengen. Die Spargelmischung gleichmäßig auf dem Fladen und darüber den Prosciutto verteilen. Im Ofen 8–10 Minuten – oder bis der Käse geschmolzen ist – backen. Aus dem Ofen nehmen, auf ein Schneidebrett geben und Pfeffer darüberstreuen. Portionieren und servieren.

ALTERNATIV

Für eine vegetarische Version: *Statt Prosciutto zwei weitere Spargelstangen verwenden.*

Pizza mit Meeresfrüchten

Die Inspiration für dieses Kapitel lieferte einer meiner Lieblingsorte: Fisherman's Wharf in San Francisco, das Hafenviertel der goldenen Stadt. Seitdem ich mit meiner Familie als Velveeta-Schmelzkäse verkleidet am »Bay to Breakers«-Straßenlauf teilnahm, liegt mir dieses Viertel besonders am Herzen. Auf die Idee für unsere Kostüme kamen wir wegen eines alten Artikels des berühmten Journalisten Herb Caen, der für die Tageszeitung »San Francisco Chronicle« schrieb. Bei dieser Laufveranstaltung habe ich auch zum ersten Mal Menschen komplett nackt laufen sehen. Aber ich schweife ab … Es gibt Rezepte mit Frischkäse und Lachs (wie mein Lieblingsbagel) und mit Garnelen, Krabben und Muscheln.

Pizza mit Räucherlachs und Dill-Frischkäse

FÜR 3 PERSONEN

GLUTENFREI

GETREIDEFREI

LOW CARB

Dass ich Bagels mit Frischkäse und Räucherlachs aufgeben musste, war ein besonders harter Schlag für mich. Aber wie ein alter Freund eilte der Blumenkohl (in Form dieser Pizza) wieder einmal zu Hilfe. Sie können Frischkäse und Räucherlachs auch auf einem Blumenkohl-Bagel (Seite 62) genießen.

- 55 g weicher Frischkäse
- 1 Blumenkohl-Pizzafladen (Seite 26), ein paar Minuten länger gebacken als im Rezept angegeben
- 55 g Räucherlachs in Scheiben
- 2 TL frisch gehackter Dill
- 2 TL Kapern (aus dem Glas; optional), abgetropft
- frisch gepresster Zitronensaft
- einige Zitronenscheiben zum Servieren

Den Frischkäse auf den Fladen streichen. Den Räucherlachs darauf verteilen, den Dill und die Kapern (optional) darüberstreuen und zuletzt den Zitronensaft darüberträufeln. Portionieren und mit Zitronenscheiben garniert servieren.

ALTERNATIV

Für eine Paleo-Version: *Einen Paleo-Blumenkohl-Pizzafladen (Seite 29) verwenden und den Frischkäse aus Milch durch den Cashew-Frischkäse (Seite 59) oder einen gekauften Frischkäse aus Nuss ersetzen.*

Pizza mit grüner Salsa und Garnelen

FÜR 3 PERSONEN

GLUTENFREI

GETREIDEFREI

PALEO

LOW CARB

O. MILCHPROD.

Süße Knoblauchgarnelen auf scharfe grüne Salsa gebetet – eine Pizza nach mexikanischer Art! Wenn Sie keine kleinen Garnelen finden, können Sie größere Garnelen der Länge nach halbieren. Die Paprika sollte sehr fein gehackt sein, damit man sie wie Konfetti über die Pizza streuen kann.

2 TL natives Olivenöl extra

115 g kleine Garnelen, geschält und entdarmt

2 Prisen Meersalz

165 ml grüne Salsa (Seite 46)

1 Paleo-Blumenkohl-Pizzafladen (Seite 29), ein paar Minuten länger gebacken als im Rezept angegeben

2 EL Mandelricotta (Seite 58; optional)

2 EL sehr fein gehackte gelbe, orange oder rote Paprikaschote

1 EL zerzupfte frische Korianderblätter

In einer mittelgroßen Pfanne das Öl bei mittlerer bis hoher Temperatur erhitzen. Die Garnelen mit einer Prise Salz würzen und im Uhrzeigersinn entlang des Randes in die Pfanne legen, ohne dass sie sich berühren. Ungestört 1–2 Minuten – oder bis sie anfangen, rosa zu werden – anbraten. Mit einer Zange die Garnelen in der Reihenfolge, in der sie in die Pfanne gelegt wurden, wenden und weitere 2 Minuten – oder bis die zweite Seite auch rosa wird und die Garnelen gerade durch sind – braten. Die Salsa in die Pfanne geben, um sie aufzuwärmen. Die Salsa und die Garnelen auf dem Fladen verteilen und mit Mandelricotta (optional), Paprika und Koriander garnieren. Portionieren und servieren.

Pizza mit Venusmuscheln und Speck

FÜR 3 PERSONEN

GLUTENFREI

GETREIDEFREI

LOW CARB

Wie bei allen Meeresfrüchten sollte im Sinne der Nachhaltigkeit auch bei Venusmuscheln auf das richtige Label geachtet werden. Auf Marinara-Sauce und von Käse gekrönt, kommt der leichte Meeresgeschmack von Venusmuscheln in Kombination mit dem salzigen Speck perfekt zur Geltung.

1 Blumenkohl-Pizzafladen (Seite 26)

60 ml Marinara-Sauce plus 1 EL (Seite 40)

185 g Venusmuscheln (aus der Dose), abgeseiht, oder 50 g frisches Venusmuschelfleisch, gehackt

1 Streifen Speck, angebraten und zerbröselt

30 g Mozzarella, geraspelt

2 TL frisch gehackte Petersilie

Den Backofen auf 220 °C Ober-/Unterhitze vorheizen. Ein Backblech mit Backpapier auslegen oder ein Pizzablech bereitstellen und den Fladen darauflegen.

60 ml Marinara-Sauce auf den Fladen streichen. Die Venusmuscheln in eine kleine Schüssel geben und mit 1 EL Marinara-Sauce vermengen. Die Venusmuscheln auf dem Fladen verteilen, Speck und Käse darauf verteilen. Im Ofen 8–10 Minuten – oder bis der Käse geschmolzen ist – backen. Aus dem Ofen nehmen, auf ein Schneidebrett geben und mit der Petersilie garnieren. Portionieren und servieren.

VARIATION

**Pizza mit Venus-
muscheln in
Béchamelsauce:** *Die
Marinara-Sauce
durch Béchamel-
sauce (Seite 44)
ersetzen.*

Pizza mit Krabbenfleisch

FÜR 3 PERSONEN

GLUTENFREI

GETREIDEFREI

PALEO

LOW CARB

O. MILCHPROD.

Blumenkohlige Béchamelsauce, Cashewkerne und Kokosnuss haben meine Wahrnehmung von Käse-Sahne-Sauce gewandelt und mithilfe von Parmesan auf Pflanzenbasis kann man dieses Gericht nun ganz frei von Milchprodukten genießen.

1 Paleo-Blumenkohl-Pizzafladen (Seite 29)

90 ml Béchamelsauce (Seite 44)

55 g Krabbenfleisch, abgeseiht und mit einem Küchenpapier trocken getupft

3 Kirschtomaten, gewaschen und in dünne Scheiben geschnitten

1 EL fein gehackte Frühlingszwiebel

2 TL Parmesan auf Pflanzenbasis (Seite 55)

1 TL Kapern (aus dem Glas), abgetropft, plus etwas Kapernflüssigkeit

1 ½ TL frisch gehackter Estragon (optional)

Den Backofen auf 220 °C Ober-/Unterhitze vorheizen. Ein Backblech mit Backpapier auslegen oder ein Pizzablech bereitstellen und den Fladen darauflegen.

3 EL Béchamelsauce auf den Fladen streichen. Das Krabbenfleisch in eine kleine Schüssel geben und mit der restlichen Sauce vermengen. Krabbenfleisch, dann Tomaten und Frühlingszwiebeln auf dem Fladen verteilen. Im Ofen 8–10 Minuten – oder bis alles heiß ist – backen. Aus dem Ofen nehmen, auf ein Schneidebrett geben und den Käse und die Kapern darüberstreuen. Mit der Kapernflüssigkeit beträufeln und mit dem Estragon garnieren. Portionieren und servieren.

Süßes

Der coolste Zaubertrick des Kreuzblütlers ist, sich in etwas Süßes zu verwandeln. Egal, ob Schokolade und Käse auf einer Pizza, ein Apfel mit einer Scheibe Cheddar oder die saftigsten glutenfreien Kekse, die man sich erträumen kann: Als bekennende Naschkatze verspreche ich, dass Blumenkohl auch als Nachspeise nicht enttäuscht!

Erdbeer-Honig-Pie

FÜR 4 PERSONEN

GLUTENFREI

GETREIDEFREI

LOW CARB

VEGETARISCH

Stephanie Galland vom Cali'flour-Team und ich servierten Versionen dieses Erdbeer-Pies schon bei den ESPYs, der Preisverleihung des US-amerikanischen Sportsenders ESPN, und bei einer Pre-Emmy-Party. Zu sehen, wie große Profisportler dieses Meisterwerk verschlangen, ließ mein Herz hüpfen. Der legendäre Skateboardfahrer Tony Hawk konnte gar nicht genug davon bekommen. Selbst Wanda Durant, Mutter des Basketballspielers

Kevin Durant, die kein großer Fan von Gemüse ist, genoss ganz unschuldig ein Stück. Sie konnte nicht glauben, dass sie gerade Gemüse gegessen hatte – und sie liebte es! Es ist kein Wunder, dass gerade Stephanie, eine wunderbare, wunderschöne Freundin, solch einen süßen Honig-Pie entwickelte. Unbedingt einen Fladen ohne Würzung verwenden und für einen aufregenden Geschmackskontrast mit etwas Balsamico beträufeln!

55 g zimmerwarmer Cashew-Frischkäse (Seite 59)

1 Blumenkohl-Pizzafladen auf Pflanzenbasis (Seite 28), ein paar Minuten länger gebacken als im Rezept angegeben

55 g frische Erdbeeren, gewaschen, geputzt und in Scheiben geschnitten

2 TL Mandelblättchen

2 TL flüssiger Honig

Den Frischkäse auf den Fladen streichen. Die Erdbeeren darauf verteilen, die Mandeln darüberstreuen und mit dem Honig beträufeln. Portionieren und servieren.

Karamellisierter Apfel-Pie

FÜR 4 PERSONEN PLUS EXTRA KARAMELLISIERTE ÄPFEL

GLUTENFREI

GETREIDEFREI

LOW CARB

VEGETARISCH

Meine Tochter Caroline ist eine alte Seele und liebt es, ihr Essen in Meisterwerke zu verwandeln. Sie backt oft Apfel-Pies und als Mutter will ich sie natürlich nicht enttäuschen und ihre Kreationen probieren. Mit diesem Rezept kann ich endlich Apfel-Pie genießen, ohne Entzündungen zu fürchten.

Käse und Äpfel sind eine klassische Pie-Füllung, deshalb ist unser Blumenkohl-Pizzafladen genau das Richtige. Unbedingt einen Fladen ohne Würzung verwenden! Wenn Sie mit noch mehr Käse experimentieren wollen, servieren Sie Cheddar zu diesem Pie – wie in der Variation unten. Die karamellisierten Äpfel reichen für zwei Pies, man muss sie vor der Verwendung jedoch wieder aufwärmen.

1 EL Ghee oder Butter

1 TL gemahlener Zimt plus etwas zum Garnieren

⅛ TL geriebene Muskatnuss

320 g geschälte Äpfel (etwa 3 mittelgroße Äpfel), gewaschen, entkernt und in Würfel geschnitten

35 g Kokosblütenzucker

⅛ TL Meersalz

1 EL Tapiokastärke

1 ¼ TL frisch gepresster Zitronensaft

1 Blumenkohl-Pizzafladen (Seite 26), ein paar Minuten länger gebacken als im Rezept angegeben

In einem kleinen Topf das Ghee bei geringer bis mittlerer Temperatur schmelzen. Zimt und Muskatnuss dazugeben und etwa 30 Minuten – oder bis es duftet – anschwitzen. Äpfel, Kokosblütenzucker, Salz und 3 EL Wasser in den Topf geben und alles gründlich verrühren. Bei mittlerer Temperatur etwa 5 Minuten – oder bis die Äpfel weich sind – köcheln lassen. Dabei einige Male umrühren.

In der Zwischenzeit in einer sehr kleinen Schüssel die Tapiokastärke mit 1 EL Wasser verquirlen. In die Apfelmischung träufeln und gründlich einrühren. Nochmals 3–5 Minuten – oder bis die Apfelmischung dunkel und zähflüssig ist – köcheln lassen.

Vom Herd nehmen und den Zitronensaft einrühren. Die Hälfte der Apfelmischung auf dem Fladen verteilen (den Rest anderweitig verwenden) und den Zimt darüberstreuen. Portionieren und servieren.

VARIATION

Apfel-Pie mit Cheddar:
Die süße Pizza mit einigen Scheiben Cheddar servieren.

Chili-Schokoladen-Pie

FÜR 4 PERSONEN

Die Inspiration: unsere scharfe Jalapeño-Würzung und die klassische Kombination von Schokolade und Chili. Diese Nachtischpizza ist unwiderstehlich. Würziger Ziegenkäse und frische Minze bieten einen kühlenden Kontrast. Dunkle Schokolade mit einer Orangennote schmeckt besonders hervorragend.

85 g dunkle Schokolade, gehackt

1 Prise Cayennepfeffer

55 g zimmerwarmer Ziegenfrischkäse

2 EL Schlagsahne

1 Blumenkohl-Pizzafladen mit scharfer Jalapeño-Würzung (Seite 26), ein paar Minuten länger gebacken als im Rezept angegeben

1 EL Mandelblättchen

kleine frische Minzeblätter zum Garnieren

Die Schokolade in eine kleine hitzebeständige Schüssel geben. Etwa 2,5 cm Wasser in einem kleinen Topf zum Köcheln bringen. Die Schüssel über den Topf geben, dabei darauf achten, dass sie nicht das Wasser berührt. Die Schokolade unter häufigem Rühren beinahe komplett schmelzen, dann die Schüssel vom Topf nehmen und weiterrühren, bis die Schokolade vollständig geschmolzen ist. Den Cayennepfeffer einrühren und abkühlen lassen.

In einer kleinen Schüssel Ziegenfrischkäse und Schlagsahne mit einer Gabel gründlich verrühren. Die Ziegenfrischkäsemischung auf den Fladen streichen. Die Schokolade im Muster nach Wahl darüberträufeln. Abschließend mit Mandelblättchen und Minzeblättern garnieren. Portionieren und servieren.

Tartelettes mit Birne und Honig

ERGIBT 6 TARTELETTES

GLUTENFREI

GETREIDEFREI

LOW CARB

VEGETARISCH

Der Honig auf diesen kleinen Tartes, die nicht einmal gebacken werden müssen, betont die natürliche Süße der reifen Birnen. Die vollmundige Melassenote von zähem, dunklem Buchweizenhonig steht im herrlichen Kontrast zum cremigen Mascarpone. Sie können allerdings jede Art von flüssigem Honig verwenden. Unbedingt einen Pizzafladen ohne Würzung nehmen und die Reste aufbewaren, um Blumenkohlbrösel (Seite 35) daraus zu machen.

1 Blumenkohl-Pizzafladen (Seite 26)

3 EL zimmerwarmer Mascarpone oder zimmerwarme Crème fraîche

1 kleine reife Birne, gewaschen, entkernt und in Scheiben geschnitten

1 EL flüssiger Honig (vorzugweise Buchweizenhonig)

etwas gemahlener Kardamom

Den Backofen auf 220 °C Ober-/Unterhitze vorheizen und ein Backblech mit Backpapier auslegen.

Mit einem Keksausstecher (Ø 6–7,5 cm) oder einem Trinkglas sechs Kreise aus dem Fladen stechen. Auf das vorbereitete Backblech legen und im Ofen 7–10 Minuten – oder bis sie knusprig und gebräunt sind – backen. Dabei einmal wenden. Aus dem Backofen nehmen und abkühlen lassen.

Je 1 ½ TL Mascarpone auf die Fladenkreise streichen. Birnenscheiben darauf verteilen und den Honig darüberträufeln. Mit etwas Kardamom garnieren und servieren.

Nanas Chocolate Chip Cookies

ERGIBT ETWA 42 KEKSE

GLUTENFREI

GETREIDEFREI

LOW CARB

VEGETARISCH

Meine Schwiegermutter Diana Lacey stammt aus Neuseeland und aus einer wahrlich gesundheitsbewussten Familie. Sie brachte ihre Clean-Eating-Ernährung mit in die USA und mit ihren 75 Jahren wirkt sie keinen Tag älter als 50. Diese Hommage an Diana verfeinert ihr schon glutenfreies Chocolate-Chip-Cookie-Rezept mit Blumenkohlmehl zu einem luftigen Leckerbissen. Wenn Nana zu Besuch kommt, bringt sie natürlich immer ihre Chocolate Chip Cookies und ihre perfekte Pavlova mit.

Dieses Rezept ist ideal, um es mit Kindern zuzubereiten, denn sie können die Kekse mit ihren Händen formen. Achtung: Diese Kekse sind fertig, wenn die Unterseite braun ist – oben müssen sie nicht braun sein. Direkt aus dem Backofen sind sie weich, aber beim Abkühlen werden sie härter.

- 55 g weiche Butter
- 70 g Kokosblütenzucker
- 2 Eier (Größe L)
- 240 ml ungesüßtes Apfelmus
- 120 ml glatte, ungesüßte Mandelbutter
- 110 g Kokosmehl
- 35 g gemahlene Leinsamen
- 1 EL Backpulver
- ½ TL Meersalz
- 140 g Blumenkohlmehl (Seite 20), grob zerbröselt
- 175 g mit Stevia gesüßte Schokotropfen

Den Backofen auf 190 °C Umluft vorheizen und zwei Backbleche mit Backpapier auslegen.

In einer großen Schüssel die Butter und den Kokosblütenzucker mit einem Holzkochlöffel vermengen, bis die Masse cremig ist und eine lockere Kugel formt. Ein Ei nach dem anderen unterrühren. Nun erst das Apfelmus und dann die Mandelbutter einrühren.

In einer mittelgroßen Schüssel Kokosmehl, Leinsamen, Backpulver und Salz vermengen. Das Blumenkohlmehl mit den Händen gründlich mit den trockenen Zutaten vermengen. Die Blumenkohlmehl-Mischung zu den nassen Zutaten geben und die Schokotropfen unterrühren. Den Teig 10 Minuten ruhen lassen.

1 EL Teig mit den Händen zu einer Kugel formen. Auf dem Backblech auf 12 mm flach drücken und mit einer Gabel ein Karomuster hineinziehen. Den restlichen Teig genauso verarbeiten. Die Cookies auf die Backbleche legen und im Ofen 12–14 Minuten backen. Aus dem Ofen nehmen und auf den Backblechen vollständig auskühlen lassen. Die Kekse können im Kühlschrank bis zu 5 Tage und im Tiefkühlfach bis zu 1 Monat aufbewahrt werden.

Kokosmakronen

ERGIBT ETWA 20 MAKRONEN

GLUTENFREI

GETREIDEFREI

PALEO

LOW CARB

VEGETARISCH

O. MILCHPROD.

Meine Tochter Caroline und ich hatten schon die Idee für dieses Rezept, als Cali'flour Foods erst der Funke eines Traumes war. Aber ich wusste, dass wir eines Tages dieses Rezept mit der Welt teilen würden.

3 Eiweiß (Größe L)

¼ TL Weinsteinpulver

¼ TL Meersalz

70 g Kokosblütenzucker

1 TL reiner Vanilleextrakt

70 g Blumenkohlmehl (Seite 20), grob zerbröselt

120 g ungesüßte Kokosraspel

2 TL Abrieb von 1 unbehandelten Orange

45 mit Stevia gesüßte Schokotropfen oder Kakaonibs (optional)

Den Backofen auf 165 °C Umluft vorheizen und ein Backblech mit Backpapier auslegen.

In einer großen Schüssel mit einem Handmixer das Eiweiß mit dem Weinsteinpulver und dem Salz zu weichen Spitzen schlagen. Kokosblütenzucker und Vanilleextrakt dazugeben und schlagen, bis alles gründlich vermengt ist.

In einer weiteren Schüssel Blumenkohlmehl, Kokosraspel und Orangenabrieb mit den Händen vermengen und dabei größere Stückchen des Blumenkohlmehls zerkleinern. Die Blumenkohlmehl-Mischung in drei Portionen unter das Eiweiß heben. 10 Minuten ruhen lassen. Die Schokotropfen (optional) unterheben.

1 EL Teig mit den Händen zu einem Ball formen und auf das vorbereitete Backblech legen. Mit dem restlichen Teig wiederholen. Je nach Vorliebe den Teig mit den Fingern zu spitzen Dreiecken oder flachen Kreisen formen. Im Ofen 20 Minuten – oder bis die Unterseite leicht gebräunt und die Oberseite stellenweise braun ist – backen. Aus dem Ofen nehmen und auf dem Backblech vollständig auskühlen lassen. Die Makronen können im Kühlschrank bis zu 5 Tage und im Tiefkühlfach bis zu 1 Monat aufbewahrt werden.

VARIATION

**Kakao-Kokosmakro-
nen:** *Vanilleextrakt
durch ½ TL Mandelex-
trakt ersetzen und 2 EL
ungesüßtes Kakaopulver
mit dem Kokosblüten-
zucker in den Teig ein-
arbeiten.*

Ernährungsphilosophien

Anmerkungen zu den Ernährungsphilosophien, die allen Rezepten zugeordnet sind.

Glutenfrei

Alle Pizzafladen und Rezepte in diesem Buch
sind glutenfrei. Autoimmunerkrankungen
können mithilfe entzündungshemmender
Ernährung eingedämmt werden. Gluten ist
allerdings eines der Lebensmittel, die Entzündungen besonders fördern. Ich habe es
deshalb nach meiner Lupus-Diagnose radikal
aus meiner Ernährung gestrichen. Alle Gemüsesorten mit einem hohen Gehalt an Antioxidantien, darunter Blumenkohl, hingegen
helfen, Entzündungen zu lindern. Glutenfreie
Blumenkohl-Pizzafladen erlauben allen, die
Gluten meiden wollen oder müssen, Pizza
trotzdem zu genießen.

Getreidefrei

Bei vielen Menschen verursachen alle Getreidesorten, nicht nur glutenhaltiger Weizen,
Entzündungen. Grund dafür sind die weniger
bekannten Kreuzallergien. Hierbei rufen Proteine in manchen weizenfreien Lebensmitteln
ähnliche Symptome hervor wie Weizen bei
Menschen mit einer Glutenunverträglichkeit.
Selbst Menschen, die kein Problem mit Gluten
haben, können eine Getreideunverträglich-
keit entwickeln, da alle Getreidesorten von
Natur aus entzündungsfördernd sind. Daher
sind alle Fladen und Rezepte in diesem Buch
getreidefrei.

Paleo und ohne Milchprodukte

Da unser Basic-Pizzafladen Käse enthält,
eignet er sich nicht für eine Paleo-Ernährung,
denn hier wird nicht nur auf Gluten und Getreide, sondern auch auf alle Milchprodukte
verzichtet. Auch der Konsum von Milchprodukten in großen Mengen kann Entzündungen fördern. Unser Paleo-Pizzafladen ver-
meidet dieses Risiko und ist dementsprechend
durch und durch entzündungshemmend.
Im Wesentlichen lädt die Paleo-Ernährungs-
philosophie dazu ein, mehr Gemüse zu essen,
was nie schlecht ist! Der Paleo-Pizzafladen ist
ideal für Menschen, die sich proteinbewusst
ernähren, und ist selbst ohne Käse herrlich
geschmackvoll. Der Paleo-Fladen enthält Eier,
deshalb ist er zwar für eine vegetarische, aber
nicht für eine vegane Ernährung geeignet.

Low Carb High Fat

Eine Zeit lang war fettreduzierte Ernährung
der letzte Schrei. Das ungewollte Ergebnis
dieses fehlgeleiteten Trends waren wachsende
Bäuche und ein Zuwachs an chronischen Erkrankungen. Wie sich herausstellte, brauchen
unser Körper und unser Gehirn gesunde Fette,
um zu arbeiten. Beim Versuch, Fett im Essen
zu vermeiden, aß man mehr Kohlenhydrate
und Zucker, da sich ohne Fett das Sättigungsgefühl nicht einstellen wollte. Um dem ständi-
gen Zunehmen entgegenzuwirken, bemühen
sich viele um eine Low-Carb-High-Fat-Ernährung. Im medizinischen Bereich wird eine
stark kohlenhydratreduzierte Ernährungsform

»ketogene Diät« genannt. Das ist eine sehr fettreiche (gesunde Fette) und kohlenhydratarme Ernährungsform (nur 20 g pro Tag) mit einem mäßigen Anteil an Proteinen. Bei einer solchen Ernährung soll der Körper in den Zustand der Ketose gebracht werden, damit der Körper für die Energiegewinnung auf Fette anstatt auf Kohlenhydrate zurückgreift. Im Gegensatz zu einer medizinischen ketogenen Diät ist eine Low-Carb-Ernährungsform weniger radikal. Hier soll darauf geachtet werden, viel Protein, eine mäßige Menge an Fett und wenig Kohlenhydrate zu essen. Auch wenn etwas mehr Kohlenhydrate gegessen werden, kann jede Ernährungsform, bei der eindeutig mehr Fett und Proteine als Kohlenhydrate gegessen werden, als Low-Carb-High-Fat-Ernährung bezeichnet werden. Solch eine kohlenhydratreduzierte Ernährung kann bei der Gewichts- und Fettabnahme helfen. Zudem fördert sie kognitive Fähigkeiten, senkt das Risiko von Typ-2-Diabetes sowie Herzerkrankungen und ist entzündungshemmend. Unsere Blumenkohl-Pizzafladen sind das perfekte Wohlfühlgericht für Anhänger der Low-Carb-Ernährung, da diese Fladen sehr wenige Kohlenhydrate enthalten und den Körper mit allem Guten aus Gemüse versorgen. Ideal, um jedes Verlangen nach Kohlenhydraten zu tilgen und ungewollte Kilos loszuwerden! Der Fladen hat darüber hinaus einen niedrigen glykämischen Index (ein Maß zur Bestimmung der Wirkung eines Lebensmittels auf den Blutzuckerspiegel).

Neben den Rezepten finden Sie die Hinweise für »Low Carb High Fat« und »Low Carb«. Der Unterschied zwischen den beiden ist einfach, bedarf jedoch einer kurzen Erklärung. Bei der Low-Carb-High-Fat-Ernährung liegt der Fokus auf fettreichen, proteinarmen und kohlenhydratarmen Mahlzeiten. Die Rezepte, die mit »Low Carb« gekennzeichnet sind, sind zwar kohlenhydratarm oder nicht kohlenhydrathaltig, jedoch nicht unbedingt fettreich.

Low Carb und Low Carb High Fat

Eine Low-Carb-Ernährung ist etwas flexibler als eine Low-Carb-High-Fat-Ernährung. Im Grunde isst man einfach weniger Kohlenhydrate als alles andere. Die Mahlzeiten bestehen deshalb zu einem großen Teil aus Eiweiß. Fett wird mäßig und Kohlenhydrate werden nur geringfügig zu sich genommen. Man spricht also von Low Carb, solange die Kohlenhydrataufnahme spürbar unter der Fett- und Eiweißaufnahme liegt. Zu den Vorteilen einer kohlenhydratarmen Ernährung zählen anhaltender Gewichts- und Fettabbau, kognitive Verbesserungen, weniger Heißhungerattacken, verringerte Entzündungen und ein geringeres Risiko für Typ-2-Diabetes und Herzerkrankungen. Im Vergleich dazu besteht das Ziel einer Low-Carb-High-Fat-Ernährung darin, den Körper in eine Ketose zu versetzen, indem man nicht mehr als 20 g Kohlenhydrate pro Tag und moderat Eiweiß zu sich nimmt. Hinweis: Unsere Pizzafladen haben zudem einen niedrigen glykämischen Index (der glykämische Index zeigt an, wie sich ein Lebensmittel auf den Blutzuckerspiegel auswirkt).

Vegan

Der Pizzafladen auf Pflanzenbasis aus Blumenkohl und Körnern ist perfekt für Veganer und alle, die weder Eier noch Nüsse essen wollen oder können. Der Konsum von Milchprodukten in großen Mengen kann Entzündungen fördern. Unsere Pizzafladen auf Pflanzenbasis vermeiden dieses Risiko und sind dementsprechend durch und durch entzündungshemmend. Eines unserer Ziele bei der Entwicklung dieses Fladenrezepts war, etwas zu kreieren, das jeder – egal, mit welcher Allergie oder Unverträglichkeit – genießen kann. Keine Nüsse, keine Milchprodukte und ideal für alle schon oben erwähnten Ernährungsphilosophien.

Danksagung

In Anerkennung meiner wundervollen Co-Autorin Leda Scheintaub: Dieses Buch ist genauso dein Werk, wie es meines ist. Du warst mir eine unglaubliche Fremdenführerin durch diese Reise und mit dir zu arbeiten, war eine unendliche Freude. Ich bin dir so dankbar für deine Hilfe, meinen Worten Leben einzuhauchen.

Ein großes Dankeschön an das Team von Abrams Books. Holly Dolce, du hast uns vom ersten Tag an angefeuert. Deine Weisheit ist unbeschreiblich. Ich fühle mich geehrt, dich als Mentorin zu haben. Deine Unterstützung und die Offenheit, die mir vom ganzen Abrams-Team entgegengebracht wurde, bedeutet mir wirklich viel. Besonderen Dank an Deb Wood, Art Direktor, und Liam Flanagan aus der Designabteilung, die diesem Buch ein wunderschönes Gesicht verliehen haben. Enthusiastisch beworben wurde das Buch von Jen Bastien und Kim Sheu aus der Marketingabteilung. Die Programmleiterin Lisa Silvermann hat das Buch kundig durch den Produktionsprozess begleitet. Liana Krissoff hat dieses Buch nicht nur redaktionell bearbeitet, sondern auch einige wichtige Rezepte getestet. Zusätzliche kreative Unterstützung in der Küche haben Lizi Rosenberg und Katie Eyles geleistet.

An meine Agenten bei Sterling Lord, Jaidree Braddix, Celeste Fine und Sarah Passick: Danke, dass ihr mir eine Chance gegeben habt. Ihr habt an mich geglaubt, selbst wenn ich an mir gezweifelt habe. Dieses Buch ist dank euch wahr geworden.

Herzlichen Dank an die zwei talentierten Fototeams: Andrew Purcell und Carrie Purcell in Kalifornien und Clare Barboza und Gretchen Rude in Vermont. Eure Arbeit hat alle meine Erwartungen übertroffen!

Unendlich viel Liebe an meine Eltern, die maßgeblich am Bestehen und Erfolg von Cali'flour Foods beteiligt sind. Mum und Ken, ein »Danke« ist nicht genug für das, was ihr alles für mich getan habt. Von Packaufträgen in den ersten Monaten bis zur Refinanzierung eures Hauses, um die Massenproduktion unserer Pizzafladen zu unterstützen. Euer Vertrauen hat es mir erlaubt, meine Träume zu verwirklichen. Mum, ich erinnere mich daran, wie du als Bucheinkäuferin für eine Hochschule in der Umgebung gearbeitet und mich 1984 zu meiner ersten ABA-Buchmesse (American Booksellers Association) mitgenommen hast. Du hast mir die Liebe zu Büchern geschenkt, und ich hoffe, dieses hier erfüllt dich mit Stolz.

Unendliche Dankbarkeit gilt auch Jimi Sturgeon-Smith, meiner COO und rechten Hand. Dein Feedback und deine Freundschaft bedeuten mir mehr, als du jemals wissen kannst. Du hast mir und Cali'flour Foods bedingungslose Loyalität bewiesen. Ich hätte mir keine bessere Partnerin für dieses Vorhaben wünschen können.

An Doug Smith, Leiter der Forschungsabteilung und Entwicklungsguru bei Cali'flour Foods: Deine Kenntnisse über Ernährung waren und sind grundlegend für die Entstehung dieses Buchs und das Wachstum dieser Firma. Danke für die späten Abende, frühen Morgen und alle anderen Opfer, die du für diese Firma erbracht hast. Ich bewundere dein Wissen und deine Weisheit.

Vielen Dank an meinen Unternehmenscoach Chris Winfield. Danke, dass du mich meinen Buchagenten vorgestellt hast und die Verwirklichung meines Traums, ein Kochbuch zu schreiben, angestoßen hast.

Allergrößter Beifall gilt auch meinem wunderbaren Team bei Cali'flour Foods. Ihr seid meine Wahlfamilie und es ist mir eine große Ehre, mit solch leidenschaftlichen, liebevollen Menschen zu arbeiten. Worte können meine Dankbarkeit für jede und jeden von euch nicht beschreiben. Nichts von alldem wäre ohne eure harte Arbeit und euer Engagement, das Leben anderer durch die Betreuung unserer Kunden zu verändern, möglich.

Eine besondere Erwähnung gilt meinen frechen, wunderschönen Freundinnen – Schwestern, die ich niemals hatte – Nicole Mimbs und Stephanie Galland. Es ist unglaublich, dass ich so viel Glück haben konnte, mit meinen besten Freundinnen zusammenzuarbeiten. Ihr seid von Anfang an für mich da gewesen, habt Routinearbeit erledigt, ohne jemals zu jammern – egal, ob in heißen Lagerhallen Schachteln zu packen waren oder man putzen musste. Auf 15 Jahre Freundschaft und viele weitere schöne Erinnerungen mit unseren Familien! Ich kann es kaum erwarten, am Ende dieses Abenteuers mit euch zu feiern.

Dank auch an Ellen Yin für die Verfeinerung meiner Sprache. So jung und schon so klug und anmutig. Danke, dass du mir dabei geholfen hast, unkonventionell zu denken.

Zu guter Letzt eine Liebeserklärung an unsere Fans und Kunden. Ein großes Dankeschön an euch, unsere treue Cali'flour-Familie, dass ihr euch getraut habt, Blumenkohl-Pizzafladen zu probieren, bevor sie cool waren. Danke, dass ihr unsere Produkte zu Hause und bei Pizza-Abenden genießt, sie mit Freunden teilt, euren Kindern unterschmuggelt und jedem, der euch zuhört, davon vorschwärmt. Ihr seid Pioniere, und gemeinsam können wir gesundes Essen so weit revolutionieren, dass Essen immer so guttut, wie es schmeckt. Von ganzem Herzen danke, danke und nochmals danke. Dieses Buch ist für euch.

Rezeptverzeichnis
(nach Ernährungsphilosophie)

Zutatenregister